田辺敬子の仕事
教育の主役は子どもたち

イタリアの教育研究から見えたもの

田辺厚子・青柳啓子 編

サルデーニャの子どもたちと、最後列中央が田辺敬子（1974年3月）

社会評論社

はじめに

青柳　啓子

イタリアの教育に関して先進的な研究をなさった田辺敬子氏が天に帰られて、早くも三年が経とうとしています。

一昨年一〇月には、レッジョ・エミリア市の幼児教育の記録『子どもたちの一〇〇の言葉』が新装版として再版されています。週刊朝日（一二月二一日版）にも「原書の出版は一六年前だが、（中略）その内容は今、まさに読まれるべきものであろう。」と紹介されているように、関連する展覧会は大変な人気を呼び、二〇〇一年に日本で最初に紹介されて以来、再びこのイタリアの幼児教育が注目を浴びました。

にもかかわらず、この本の翻訳者であり、その最初の紹介者であった田辺敬子氏のことについてはあまり知られていません。氏は、日本の学会で女性研究者として苦労を重ねながら、イタリアの教育界の状況を研究し日本に知らせてきました。知りたいことがあるとすぐに現地へ飛んで、自分の目で確かめなければ気が済まない性質だったようで、レッジョアプローチだけではなく、フランスのフレネ教育の流れをくむ小学校の教師たちの教育協同運動についても、現地の先生方と交流し、日本でもその精神を採り入れて大人たちと実践を試みました。どの仕事も、現場で頑張っている保育士や教師に伝えたい、そしてその先の子どもたちに還元してもらいたいという願いが根底にあったのです。

時代の風を感じたそんな貴重な研究について、「一般の方に届いていないなかったのではないかしら？　書いた文章が硬すぎたからもっと若い方が読みやすいものを私が書き直して世に出さなくてはいけないわね」と、田辺氏は晩年よくおっしゃっており、私も大先輩の執筆のお手伝いをさせていただくことを楽しみにしていました。残念ながらその希望はかないませんでしたが、今回、〈本〉という形にまとめ世に出すことで、妹さんの厚子さんと共に氏のご遺志を継がせていただくことになりました。

遺稿集をまとめるにあたり、その研究分野に造詣が深く、親交のあった方々に、様々な立場から追悼文を寄せていただきました。『子どもたちの一〇〇の言葉』の共訳者として、共に翻訳の苦労をされた辻昌弘氏。モンテッソーリ教育がご専門で、イタリアの教育という同じ分野での女性研究者として交流されてきた早田由美子氏。イタリア教育協同運動の中心人物マリオ・ローディ氏。田辺氏が翻訳した『わたしたちの小さな世界の問題』の著者で、研究者としての先生を導き、サポートしてきたローディ氏は、この本の出版を大変喜んでくださり、娘のコゼッタさんが口述筆記するという形で今回原稿を寄せてくださいました。

また、その『わたしたち――』が出版された当時、田辺氏と雑誌で鼎談した福田三津夫氏。田辺氏がローディ氏と交流して日本でもA&Bの会を起ち上げた際、中心メンバーとして支えてきた出田恵子氏。ご自身の保育園でフレネ教育を採り入れていることから、研修やフレネ学校視察ツアーに田辺氏を講師として迎えた佐藤朝代氏。また田辺氏は女性の問題についても関心が深かったのですが、元同僚としてそんな氏の活動をよく知り、ご自身もジェンダーの問題に造詣の深い牛島光恵氏。各方面でご活躍なさっているみなさんが、それぞれの立場からとらえた田辺敬子像を書いてくださったことで、氏の業績や人となりを多面的に伝えることができました。Ⅰ部の「田辺敬子を偲んで」をⅡ部の論文集を読み解く手がかりにしていただければ幸いです。

制作に関して貴重なアドバイスをくださった櫻井芳子氏、ローディ氏の原稿訳文をチェックし直してくださったローマ大学大学院の石田美緒氏にもこの場を借りてお礼申し上げます。

今も色褪せることのない、いや今こそ教育界に求められている教育の核心―子どもを主体とした教育―について理想を追い続けたひとりの女性研究者がいたことをどうぞ知ってください。

田辺敬子の仕事　教育の主役は子どもたち＊目次

第Ⅰ部　田辺敬子を偲んで

詩「でも、一〇〇はある」

ローリス・マラグッツィ

子どもには
一〇〇通りある。
子どもには
一〇〇の言葉
一〇〇の手
一〇〇の考え
一〇〇の考え方
遊び方や話し方
一〇〇いつでも一〇〇の
聞き方

驚き方、愛し方
歌ったり、理解するのに
一〇〇の喜び
発見するのに
一〇〇の世界
発明するのに
一〇〇の世界
夢見るのに
一〇〇の世界がある。
子どもには
一〇〇の言葉
がある
（それからもっともっともっと）
けれど九十九は奪われる。
学校や文化が
頭と体をバラバラにする。
そして子どもに言う

手を使わずに考えなさい
頭を使わずにやりなさい
話さずに聞きなさい
ふざけずに理解しなさい
愛したり驚いたりは
復活祭とクリスマスだけ。
そして子どもに言う
目の前にある世界を発見しなさい
そして一〇〇のうち
九十九を奪ってしまう。
そして子どもに言う
遊びと仕事
現実と空想
科学と想像
空と大地
道理と夢は
一緒にはならない

ものだと。

つまり
一〇〇なんかないと言う。
子どもは言う
でも、一〇〇はある。

（田辺敬子 訳）

レッジョ・チルドレン『子どもたちの一〇〇の言葉』
（田辺敬子・木下龍太郎・辻昌宏訳）日東書院本社　二〇一二年

『子どもたちの一〇〇の言葉』から見た
レッジョ・エミリアの幼児教育について

辻　昌宏

田辺さんから、『子どもたちの一〇〇の言葉』の翻訳を手伝ってくれという話をいただいたのは、僕がイタリア学会で、イタリアの小学校教育の特質について発表した時に、田辺さんに司会をしていただいたご縁からだったと思う。一言お断りしておくと、田辺さんと僕がともに所属していた学会・研究会はいくつかあるのだが、特にその中のイタリア近現代史研究会では、どんな大先生も、さんづけで呼ばれており、田辺さんもまったくそれを自然なこととしていたし、そういう風通しの良さを好む方でもあったと思うので、ここでもそう呼ばせていただく。

田辺さんが司会をお引き受けくださったイタリア学会は、英文学会や仏文学、独文学関係の学会とは異なり、文学・語学だけではなく、歴史、美術、音楽とイタリア関係の多様なジャンルが共存している学会なのだが、田辺さんの話では、教育関係の発表は何十年となかったとのことで、そのことを感慨深げに語っておられたのが今でも印象に残っている。

さて、肝心の『子どもたちの一〇〇の言葉』であるが、これは不思議な本で、これほど判りやすくて、かつ、難解な本は珍しい。判りやすいのに難解？　そう、そこがこの本の特徴なのです。まず、この本の判りやすさ。子どもたちの書いた絵やレッジョ・エミリア市の幼児学校の子どもたちの活動がカラー写真、白黒写真でほぼ全ページにちりばめられている。2ページぶちぬきでカラー写真などというページもある。この写真の中に描かれている絵や、子どもたちがねっている粘土像を見ているだけで楽しいし、いかに創造的な活動を繰り広げているのかは、理屈ぬきにわかってしまう。視覚に直感的に訴える力を持っているのだ。それだけでも、十分この本の価値はあるだろう。

一方での難解さ。この本は、レッジョ・エミリア市の幼児教育の実践記録で、彼らの活動がどのような考えに基づいて展開されているのかが冒頭に書かれている。彼らの活動が独自でオリジナリティーにあふれているのは、そもそもこの活動の創始者の中心人物であったロリス・マラグッツィの発想・哲学がオリジナリティーにあふれているからだということが、翻訳作業をしながらおぼろげに判ってきた。彼は徹底的に考えるが、しかし同時に、詩的感性にあふれ（だからこそ、子どもの心が判るのだろう）、そこで得たアイデアを実行できる実践力のある人だった。

つまり彼が考え抜いたアイデアは、哲学的であると同時に詩的であるために、表現として独自なもので、理論的であると同時に詩的であるという特性をもっており、結果として時には、直感的で判りやすいのだが、時にはわかりにくいものとなっている。彼の表現は、哲学的な言説一方ではなく、そこに具体的な子どもたちの活動が突然入ってきて、融通無碍、自由奔放に展開され、訳者としては、眼が回る思いであった。こんなに苦労した翻訳もないと記憶している。しかしながら、たとえば、『子どもたちの一〇〇の言葉』の冒頭にかかげられた詩、「でも、百はある」では、みずみずしく叙情的、詩的な言葉で、子どもが、もともとは誰でもどんなに内的な多様性を持っているのかを、子どもは１００の言葉を持っていると表現し、その１００の言葉のうち、通常は、大人や教育が摘み取って９９を奪い１つにしてしまう、と語っている。彼が従来の教育の何を否定して、自分がどういう方向性を目指しているのかが直感的に判る詩である。

だから『子どもたちの一〇〇の言葉』を読む人は、まず、何百枚もある写真とそこに添えられた説明文を読むことをおすすめする。そして、気に入った見出しがあれば、そこを読む。判らなかったら、こだわらずに飛ばす。また、気に入ったところがあれば読む。

子どもたちが、粘土で馬や椅子を作ったり、あるいはまた、子どもたちが雨について、自由に思いをめぐらせるところなど、少しも難解ではない。そうやって具体的な活動が判って来ると理念的な部分もいつの間にか理解のハードルが下がっていると思う。

レッジョ・エミリアの教育の特質は、通常の保育士さんのほかにアトリエリスタと呼ばれる創造的活動を指導する（といってもお仕着せでこれを作りなさいという指導ではない）先生が常駐していることだ。また、幼児学校の運営に父母も積極的な関わりを深く持っている。そして、こういったクリエイティヴな幼児教育に、レッジョ・エミリア市という自治体が理解をしめし、市の予算の約10%という多額な教育費を注ぎ込んでいるということである。

その後、僕がイタリアの他の都市で幼児教育の関係者に聞き取り調査をしたところでは、このレッジョ方式（アトリエリスタが幼児学校に常駐している）は、素晴らしいのは判るし、成果も認めるのだが、イタリア全土に広げるのは困難がともなうとのことだった。つまりここでネックになるのは、予算、人件費の問題である。そこでその町では、アトリエリスタは常駐ではなくて、いくつかの幼児学校を日によって巡回していくとのことであった。毎日、アトリエリスタがいてくれるほうが良いのは言うまでもないが、予算の節約のためにそうせざるを得ないとのことであった。

では、なぜレッジョではこの方式が可能なのか？　レッジョ・エミリアにはファッション・ブランドのマックス・マーラがあって、この会社はここの幼児教育のスポンサーの一つともなっているのだが、こういう会社があって、町の税収が豊かであること。その上で、さらに、市民の教育への理解が進んでいて、市の予算のなかで相対的に大きな割合を幼児教育にさくことへのコンセンサスがある、合意形成があること、などが理由としてあげられる。

勤務の都合で僕は参加できなかったが、田辺さんは、この本の出版後、幼児教育の関係者を引率してレッジョを訪問している。レッジョ詣でという言葉をお使いになっていたと記憶する。レッジョ・エミリアの幼児教育はニューズウィークで「世界で最も先端的な幼児教育」と紹介されたこともあって、世界中から見学者が来るようになった。単に見学するだけでなく、一歩踏み込んだ学びの場も作られている。レッジョでは、本格的にここの教育実践を学びたい人には、有料のコースを設置して実践的に教えることもしているのである。

こうしたレッジョの教育実践について、日本乳幼児教育学会で共同で発表したこともある。ただし、ここで是非付け加えておきたいのは、田辺さんが出ていた研究会は決して狭い意味でのアカデミックな幼児教育の学会だけではなかった。先にあげたイタリア近現代史研究会などは、歴史や政治に関するトピックが多く、教育のトピックはまれであるが、田辺さんは晩年までよく顔を出されていた。幼児教育関係の研究会には、大学人だけでなく、現場の保育士さんや園長先生、保育園や幼稚園の設計にたずさわる建築家といった幅広い方々が参加している研究会もあり、田辺さんは、どの人の話にも熱心に耳を傾け、なおかつ自分の意見を述べるときは妙な遠慮はせずに率直に述べていた。

田辺さんと教育のお話をしていると、常に子どもが最初に来る、子どもを中心にして考えるということが根幹にあったように思う。レッジョ・エミリアの幼児教育、ひいてはイタリアの幼児教育の研究・紹介に関わってこられた根っこはそこにあるのだと思う。

幼児教育は日本でも現場の先生のご尽力もあって、子ども中心に、のびのびと展開されているところも少なくないと僕は考えている。僕は、日本の問題は小学校がより深刻だと思っていた。小学校は教科ごとの教育となるし、カリキュラムもあって教えるべきことがある程度決まっているので幼児教育のようなのびのびした教育がしにくいと考えたのだ。

そういう意味のことを申し上げると、田辺さんは、何度か、ご自分の小学校の体験をお話になった。戦争（第二次世界大戦）が終わって、急に自由になって、教師もどんな工夫をしてもいいという時代がやってきた。教員もそんな時には、あれこれと工夫したらしい。その時は、小学校も自由な空気にあふれていた。それがいつの間にかなくなっちゃったのよね、とのことであった。

われわれがレッジョ・エミリアの幼児教育実践から学べることは、たくさんある。また、それを実現するために立ち向かわねばならない壁なりハードルもたくさんあるだろう。

子ども中心に考える、そういうつぶやきが、ずっと耳に残っている。そこにこそ、教育への希望があると考えたい。

（明治大学経営学部教授）

イタリア教育研究者の立場から見た田辺敬子の業績について

早田　由美子

田辺先生のご研究は、先生が大学助手時代に発表された初期のご研究から世に光を放っていた。戦後、民主主義が高揚感をもって育まれる中で育ち、一九五八年に東京外国語大学イタリア語科に入学された先生は、卒業後研究の道に進まれた。戦後、女性も大学に進学できるようになったとはいえ、研究の世界は男性中心であり、旧態依然としている部分も多く、女性が研究者として仕事をしていくには、様々な困難があったようである。しかし、先生は持ち前のヴァイタリティーと明るさ、そして、優れた語学力と稀有な知性を持って、問題意識鋭く新たな境地を切り拓かれ、多くの業績を残された。竹を割ったような凛とした人間性と弱者を思う優しさと一本筋の通った強さで研究者の道を歩み続けられた。そして、我々に研究者として人間として生きる姿勢を示された。

研究の特徴

ここでは、気概に満ちた先生のご研究の全体像を俯瞰し、その特徴について四つの点から示してみたい。

(1)弱者の立場からの視点

一つは「弱者の立場からの視点」という点である。弱者、特に労働者や農民の自立を中心的なテーマとされた。

イタリアは一八六一年に国家統一を果たした際、識字率がヨーロッパの中で下から二番目に低かった。学校制度ができてからも、「文字は下層階級に危険な武器」[1]とみなされ、民衆には容易に与えられなかった。それは長くイタリアを悩ます地域格差、階層格差の原因にもなった。そのような教育と社会の構造的問題を田辺先生は指摘しながら、特に一九六〇年代以降の、状況が大きく改善されていく時期の熱い取り組みに注目された。

このような視点は、先生の初期の研究からみられる。イタリアの労働者の学習権[2]や「対抗文化運動」といった弱者にとっての教育・学習の意味をテーマにした論文が続く。権力や抑圧から解放されるために学びの場を勝ち取る動きや運動に光を当てた。そして、「学校を草の根の民主主義の拠点とする[3]」というイタリアならではの思想を世に示された。

(2)学習者の自由とイニシアティブ

二つ目は、自ら学ぶことと学習者の自由、学習者のイニシアティブを重視したことである。自分の頭で考え、自分の言葉で表現し、自分の行動に反映できる人を育てようとしたイタリアの優れた実践を掘り起こされた。バルビアナの『イタリアの学校変革論』[4]や北イタリアにおけるマリオ・ローディの実践などである。特に、「思考しない歯車の一つ」を育てるのではなく、「思考することを教育」し、「共同で作業し、人間的諸活動のあらゆる分野に移せる批判的習慣を創出する」[5]ことをめざしたローディの思想から大きな影響を受けている。

ご本人も自由を愛する自由人であった。上から与えられるばかりで、自分の頭で考えない近年の世の傾向に、田辺先生はときどき怒りの気持ちを表された。そして、常に子どもの側に立ち、子どもの権利を優先し、子どもの必要と要求を重視し、子どもの五感を大事にする方向性を示された。

(3)長期的展望と幅広いテーマ

三つ目は、一四、五世紀から現代までの約五〇〇年間という長期的展望に立って教育を俯瞰しようとされたという点である。関わられたテーマもルネサンス期の教育論から、ファシズム期の教育、現代のレッジョ・エミリア市の保育までと実に幅広い。

ルネサンス期の教育では、アルベルティ「家庭教育論」とピッコローミニ「子どもの教育について」を翻訳された。ピッコローミニとヴェージョの児童教育論についての研究もある。翻訳だけではなく論考も出されたピッコローミニについては、「人文主義を介して志したのは精神の自由であり、それは必然的に精神的自治＝民族の自治へと導く近代性を無意識のうちに内包していたのではなかろうか」という理解を示されており、精神の自由や民族の自治などを重視する先生の思想がここにも表れている。(6)

(4) 共生と協同

四つ目は、共生と協同の思想である。田辺先生は、イタリア中北部レッジョ・エミリア市で戦後展開されてきた教育について日本でいち早く関心を持ち、長く研究を継続されてきた。現在は、日本でもかなり知られるようになったレッジョの教育だが、当時はまだほとんどの人が注目していなかった。この教育についても現地に出向き直接その内容に触れられた。そして、現地の歴史と情報を重視するという基本に立ち返って研究し、その原点と真髄を理解しようとした。それによって見えてきたのが協同の思想である。レッジョの教育については、自由の重視と創造性や感性を育てる面がまず第一にクローズアップされがちだが、特に協同についてより着目されていた。

二〇〇一年四月二八日～六月二四日、東京青山のワタリウム美術館でレッジョ・エミリア市の子どもたちの作品を展示する「子どもたちの１００の言葉展」が開催された。その時のシンポジウムで、イタリアから来日したアトリエリスタ（アート・ディレクター）や教育総括者とともに田辺先生もシンポジストとして発言された。その会のあと、私は先生と初めて個人的にお話し、先生から協同についてのお考えを直接伺った。

田辺先生は、障害を持つ子どもと健常な子どもを共に教育するインテグレーション（統合教育）の実践も日本に紹介された。イタリアでは一九七〇年代から導入されているこの理念と制度により、障害児がいるクラスは一学級二十人定員につき、担任教師に加えて援助教師が一人配置される。日本では考えられないほど恵まれた教育環境の整備が進んでいる。統合教育は、子どもたちにとって「多様な文化、価値観をもつ人々との共存、共生への準備教育」であり、「とりわけ重要な現代教育の課題である」(7)と先生は指摘されている。

これらの実践の中で、競争ではなく共生や協同に価値がおかれるようになったのはなぜか。その答えのヒントは、先生が魂を込めて翻訳された四二〇ページに及ぶローディの大著の中にも示されている。「子どもに不寛容の芽を培うことほど危険なことはない。市民社会の教育課程において寛容な精神の形成は基本点であらねばならない。」「異なった思想や宗教の人々や、自分たちと同じように考えない人々を『悪者』だと考えないような、とらわれない精神の持ち主の間には共存の可能性を期待させる」というものである(8)。寛容性と共生・協同は不可分であり、これこそが人間社会の平和で穏やかな生活に必要不可欠な原理であろう。

大学開放講座とモンテッソーリ

一九九一年に開始した埼玉工業大学のオープンカレッジでは、家族をテーマにした講座で地域住民の方々と交流された。「本の講読、討論を通じて、自ら考え、仲間と協同して、隣人や地域社会への積極的参加の態度を身につけ、行動に移すことができるようにという願い[9]」が込められた講座である。先生が長年、イタリア研究で示されてきたことを実践されたかのように、講座終了後に記されたレポートには、自らの学びによって成長し雄弁に自己を語れるようになった受講者の方々の姿がある。

また、田辺先生は、幼児教育の分野で知られているイタリアのマリア・モンテッソーリの教育についても独自に研究されていた。モンテッソーリも自由と自発性の原理の下、子どもの側に立って、精神の自立と自律をめざした人であり、今年「子どもの家」創設一〇六年を迎え、世界に大きな影響を与え続けている。

先生は、二〇〇三年の七月、モンテッソーリに関する拙著[10]を読んで、筆者に丁寧な感想を送ってくださった。その中に次のようなくだりがある。

「きっと誰よりも、モンテッソーリが存命で日本語が読めたら、一番喜んでくれるのではないか、きっと向うでよろこんでいると思いますよ。Grazie tanto, Brava Yumiko!!（どうもありがとう。ブラーボ　由美子!!）って。」

このように、ちゃめっけたっぷり、ユーモアたっぷりの賛辞を贈っていただいた。

手紙の終わりには、「特に子どもの自己決定権と学問の体系性、系統性のかねあい、教師の主体性と子どもの主体性について、難しい問題ですが、またの機会にお話したいし、お互いに研究していきたいですね」と結ばれている。これらの問題を十分議論することもできないまま、宿題をだされたまま敬子先生は旅立たれた。同じイタリア教育を研究する者として、先生は私にはいつも優しく励まし、認めてくださった。それに甘えたまま、ほとんどお返しすることもできないままであった。もっとゆっくり、もっとたくさんお話をお聞きしたかった。

人に対する愛情と自由な気風、自由闊達な生き方を愛するハンサムウーマンであった。なによりも教育の意義と可能性に熱い想いを抱いておられた。

先生の凛とした生きざまに学び、襟を正して研究を続けようと思う。

注

（1）田辺敬子「ファシズム期の教育」『戦士の革命・生産者の国家』（共著）ファシズム研究会編 太陽出版、一九八五年、二六一頁。

（2）田辺敬子「イタリア労働者の学習権と文化の民主的管理」東京都立大学『人文学報』（一〇七）一九七五年。

（3）田辺敬子「イタリア初等教育教科書と対抗文化運動」東京都立大学『人文学報』（一六三）一九八三年。四四頁。

(4) バルビアナ学校『イタリアの学校変革論』(田辺敬子訳) 明治図書、一九七九年。
(5) マリオ・ローディ『わたしたちの小さな世界の問題　新しい世界のために』(田辺敬子訳) 晶文社、一九八八年、一二九頁。
(6) 田辺敬子「ピッコローミニとヴェージョ」『ルネッサンスの教育思想(上)』(共著) 上智大学中世思想研究所編 東洋館出版社、一九八五年、一九〇頁。
(7) 田辺敬子「イタリアの教育と教育学研究――インテグレーションの現在――」『教育のなかの政治　教育学年報3』世織書房(共著)、一九九四年、四一九頁。
(8) マリオ・ローディ、前掲書、一一九、一二二頁。
(9) 智香寺学園総合文化情報科学教育研究センター編『埼玉工業大学オープンカレッジ講座「現代の家族と教育」受講者レポート』「まえがき」、一九九四年十二月。
(10) 早田由美子『モンテッソーリ教育思想の形成過程――「知的生命の援助」をめぐって――』勁草書房、二〇〇三年。

(夙川学院短期大学児童教育学科教授)

ケイコとの想い出

マリオ・ローディ

田辺敬子さんと知りあって、随分時がたちました。あれは、一九七四年――世界の隔たりは非常に大きく埋められそうにないと感じ、日本は最も遠い国というイメージがあった時代でした。妻の彼女はイタリアにやってきて、私の家に数日滞在し、お互いにとても親しくなりました。妻のフィオレッラ、娘のコゼッタとロッセラと私はすぐに家族の一員として歓迎したのです。

ケイコはイタリア語を流暢に話し、日本の風俗や習慣からははるか遠く離れた世界のこちら側で、日常生活のあらゆることに興味を示していました。好奇心の対象は食べ物、洋服、自然、家……知らないことがあると、何でも聞きたがり、まるで子どもみたいにあらゆることへの理由を知りたがっていました。

同時に私たちにとっては、彼女の話を通じて新たな東洋の文化に近づくとってても素晴らしい機会だったのです。

ケイコが我が家にやってくるのを、私たちはいつも楽しみにしていました。「小犬ちゃん」と名づけた車輪付きの〈魔法の〉スーツケースからは、びっくりするような楽しい日本のものが出てきたものです――彼女のおかげでそのおいしさをはじめて知ったバンチャというお茶、私たちのはカバンくらいに大きいというのに、マッチ箱みたいにちっちゃい謎のテープレコーダー、海藻といった日本の食料品、美しい絹製品や着物、扇子、おもち、おりがみ……

彼女は殆ど毎年やってきて、たいていは長期間滞在しました。現代の教育現場がどんなものか体験し、研究したいということでした。私は彼女に友人、協力者、教員、知識人、イタリア教育改革の中心人物たちを紹介しました。

彼女は研究と調査のためにイタリアをまわり、そして時々は、海や山、また私たちの美しい町でバカンスを過ごしました。

ケイコはイタリアを愛していました。イタリアの芸術的な町を、文化を、そしてデザインへの愛着は、調度品を購入するほどで、それらはたくさんの本がつまった大きな箱といっしょに日本へ送られていきました。

また、自分でもいくつかの著作を翻訳中だったアントニオ・グラムシの生誕の地、サルデーニャにも行きました。この島でセレスタン・フレネの教育技術に影響を受けた教師たちの全国的な運動であり、私も参加していた教育協同運動（ＭＣＥ）の学校の職員と出会ったのです。彼女は日本にいて、学校を内部から変え、社会の全体改革へ寄与するために教育面に影響を与える同じような運動に傾倒していました。

私が教師をしていた小さな村ピアーデナでの5年間の教育実践について語った本『まちがった村』でとりあげた小学校と先生に直接会うために彼女は、私の家にやって来ました。後にケイコはその本を日本語に訳してくれました。（訳注：『わたしたちの小さな世界の問題』）

そういうわけでケイコは、全日程の日中を私の教室で、子どもたちと私と一緒に過ごしました。それは彼女が私の教育方法論を注意深く見守り自分のものとした中身の濃い日々でした。彼女は学校生活や日常生活のあらゆる面について、私に込みいった質問や簡単な質問を夢中でしてきました。ケイコと話をすることに、子どもたちも、いつもとても興味津々でした。ケイコは日本語で数字をどう書くか、どんな言葉かについて私たちに教えてくれました。私たちのイタリア語の辞書の単語を訳してくれたり、また、他には映画やテレビや新聞からの表層的でしばしば間違った方法で伝わり、人々が〝正しい情報〟と信じている日本人の生活が、実際といかに違っているかを私たちに教えてくれたりしました。当時、ソーシャル・ネットワークやインターネットはまだ存在していませんでした。

ケイコは、私や多くの教師が実現を目指していたメソッドと学校での実践を高く評価していたと思います。それは、認め評価するべき文化や権利の担い手としての子どもが中心にいるような学校です。

私がケイコに語った数多くのことの中には、私の教師生活の中で象徴的な出来事となった一つのエピソードがありました。ある日、学校で、子どもたちがディスカッションに没頭していたときに、そのうちの一人が何も言わずに席を立って、世界に向かって開かれていると感じていた教室の大きな窓のところに行きました。驚いたことに、もう一人の仲間も同じ行動をとったのです。学校の正面の屋根の上で何が起こっているのかを見るために、ひとりずつ、ついには全員が机を離れてしまいました。そして私といえば、古い学校が代々おしつけてきたように命令しなければならない教師のはずなのに、子どもたちの好奇心に引きずられてジレンマに陥ってしまいました——

そのままにさせておくか、抑えつけるか、または彼らの話を聞くか、罰を与えるか？

これにはためらってしまいました。

私は抵抗しようとしていました。というのは、当時、六〇年代初等の学校はピラミッド型の価値観を持ち、子どもたちの要求に対立する役割を担っていたからです。

ある点で、私は変わろうと決心したのです。本当の子どもたちを理解するような、また、「育成」の集会で私が指導を受けたように、子どもたちを抑え付けるようなことをしない先生になることを。

そこで、私は席を立ち、考えました。「学校は何の役に立つのだろう？　子どもたちの小さい集団が学校をかえることができるだろうか？　学校を遊びの場に姿を変えることはできるだろうか？」

私は子どもたちの中へ行って、窓から世界を見ました。五〇年以上も子どもたち、親たち、祖父母たちを魅了し続けている本、ケイコが大好きな本、「チピ」はこうして誕生しました。

ケイコは晩年、計画中の夢を私たちに打ち明けてくれました。それは、イタリアに住む場所を作ることでした。特に私たちの地域で、緑の豊かな大きな農家である私たちの敷地の中にです。本当にこの地は彼女を魅惑し、惹きつけました。

その夢がかなう時間がなかったということが残念でなりません。

コゼッタ・ローディによる聞き書き

二〇一三年一月八日

（青柳啓子・石田美緒訳）

マリオ・ローディ『わたしたちの小さな世界の問題』の衝撃

――反ランキングの思想と演劇教育的な展開

福田　三津夫

生徒たちはロボットじゃない。
刑務所みたいな学校はまっぴらだ――。

『わたしたちの小さな世界の問題』をはじめて手にした時に、本のカバーに書かれたこのことばが真っ先に目に入ってきた。「ここはイタリアのある村の公立小学校。ローディ先生のクラスには、時間割も教科書もない。宿題も成績表もない。」と続き、当時公立小学校教師の私にある衝撃が走ったが、四〇〇頁を優に超す大冊の上に苦手な翻訳本では食指が動かない。しかし、間もなく真正面から向き合う羽目になった。この本の書評を頼まれたからである(1)。

私は、北イタリアの農村ピアーデナのヴォー小学校の教師マリオ・ローディと二十四人の子ども達の五年間の記録を軽々しく読みとばすことはできなかった。学年が進行するにつれてその実践の凄さに引きつけられ、子ども達の発言の鋭さに目を見はった。同じ五年生でもローディ級の子どもの方が日本の子より精神的にはるかに成熟しているのではないかと考えざるをえなかった。
　私にとって、本書の〈衝撃力〉とは何だったのか。

ローディの教育哲学・学校観

　まず、「古い刑務所の部屋と学校の教室とは恐しく似ている」というローディの学校観に注目してみた。ローディは子ども達よりある意味では囚人達の方が「自由」を享受していると言い放つ。

「教室では、子どもも家族も選んだわけではない教師がいて、子どもたちをつかまえて、彼がいうことを繰り返すように慣らし、よく従う者をほめます。」

　もはや刑務所化した学校を支える大きな柱の一つに評価の問題がある。この本がイタリアで最初に出版された一九七〇年前後、我国でも教師の評価権をめぐる様々な問題が提起されたことは鮮明に記憶されている。通知表の相対評価批判、その原簿としての指導要録改革論、あるいは廃止論など国民の広範な論議を呼ぶことになった。

「学童は、点数本位の権威主義的学校では、評点があるから勉強するのです。もし教師の手から評点を剝ぎ取ったら、城全体が崩壊します。それは圧制的な国家の警察から武器を奪い取るようなものです。」とローディもそれらの動きに呼応している。ローディの凄さは、反ランキングの思想を己の公立小学校という現場で、たとえば、成績表を出さないという形で実践したことにあった。

教科書も権威主義的な学校を支える重大な要素である。どんなによい教科書でも子どもの経験を排除したものにしかならず、「常に上から説教されることになります。」と断定する。このあたりにラジカル（根源的）な教育思想が垣間見られる。

ローディとフレネ

次に、伝統的な学校を批判するローディは、ではどんな教育実践で応えようとするのか。

「ローディは子どもたちに昨日下校してから今朝登校するまでの出来事を聞く。子どもたちは簡潔に、自然や彼らを取りまく環境についての新しい発見や家族のニュースを語り、ローディはノートを取りながら、そこから一日の学習の手がかりをつかみ出す。」

自習の時間には自由作文をタイプライターで打ったり、自習カードで算数の計算をしたりする。また学習図書を読んだり、理解力の劣る子の手助けをしたりする。

ここまでのローディの教室でのルーティンは、訳者・田辺がはじめてローディ級を訪ねた時のスケッチである。しかし、実はこれはローディ固有の教育方法ではない。

私は一九九五年から三年連続でフランス・スペイン・イタリアのフレネ教育（フランスのセレスタン・フレネから発する教育方法）の現場を訪ねたことがある。村田栄一主宰「飛ぶ教室」に春休みに各十日間参加したのだ。ここで視たものはローディが田辺の前で実践展開したものとまさに合致する。

このツアーで私が感じとったフレネ教育の骨格は次のようなものだった。[2]

①子どもの興味や関心を大切にして、とりあえず子どもの実態から教育をスタートさせる。

②具体的な行動や表現活動を重視して学ぶ。

③子どもの自治精神を大切にする。

つまり、ローディは、フレネに触発された「教育協同運動」と出合うことによって、それまでの自由画と自由作文の実践に加え、印刷技術と学級通信を取り入れることになり、学習の組織の仕方を根本から変えたのだ。

しかしながら、注目したいのは、イタリアの教育協同運動は「たえざる探究、あらゆる教授学的教条主義の拒否、批判精神としてイタリア人によって理解された〈フレネ精神〉に応じることを特色とする〈イタリアの道〉を探究している。」ということだ。その中心にローディがいたことは疑いないだろう。

ローディと演劇教育（たとえば「一粒の種子のような一日」）

ローディの教育を象徴する実践として真っ先に取り上げたいのは冒頭の「一粒の種子のような一日」である。受け持ちの一年生とはじめて出会ったその日の報告は次のようだ。ごく簡単に紹介しよう。

――野原への外出は雨のため中止になり、教室で自己紹介が始まる。激しい雨模様をにらみながら天気の様子をパステルで描く。幼稚園の子にその絵を見せたいという子どもの提案を受け、階下に向かう。ローディの巧みな誘導によって、そこで遊びやわらべうた、劇が始まる。教室に戻って天気を記録する方法を話し合う。絵に「雨が降る」ということばを書き込む。謄写版で、ある子の絵を印刷し、色を付け、「雨が降る」ということばを書き込む。これが学級通信第一号となった。――

子どもたちの興味、関心を大事にしながら、表現活動を重視し、知的な活動もうまく組み合わせている。なんとも無理のない、子どもの生のリズムを大切にした、流れるような一日ではないか。

このように、ローディの教室では、知識や教科書の教え込みは否定され、子ども達の毎日の生活体験の中から絵や物語が作られていく。更に、学習を深め、獲得した真実を、踊りや演劇などで表現していくのである。ローディが身体表現を重視していることは「その一メートル四方たらずの共同の場は子どもたちが歌ったり、遊んだり、仲間に自分たちの経験を語ったり、描いたりすることができて、備品の中でも一番重要なものなのです。」という記述からも明白である。

さらに、本書には学習の発展として様々な脚本が登場し、実際に上演されたようだが、ある時、本格的な劇を全校児童と創り上げ、みごとコンクールで優勝していたりする。優れた教育実践家が、宮沢賢治・新美南吉、石川啄木を引き合いに出すまでもなく、演劇などの身体表現活動に必

▼▼イタリアの公立小学校。マリオ・ローディが担任する一年生の教室。

▼▼朝、子どもたちが、昨日下校してからのことを報告しあうところから授業が始まる。勉強は一斉授業ではない。子どもたちはそれぞれの課題に沿って、教材を選び、自習を進めていく。

▼▼しばらく自習が続いた後――ローディが壁にかかっていたマンドリンを取り、奏で始めた。音に誘われて、一人、また一人……子どもたちが踊り始める。いつか全員が踊っていた。

表現のある教室

イタリアの公立小学校
マリオ・ローディの教室で
1974年●撮影：田辺敬子

『演劇と教育』1993年6月号、晩成書房より

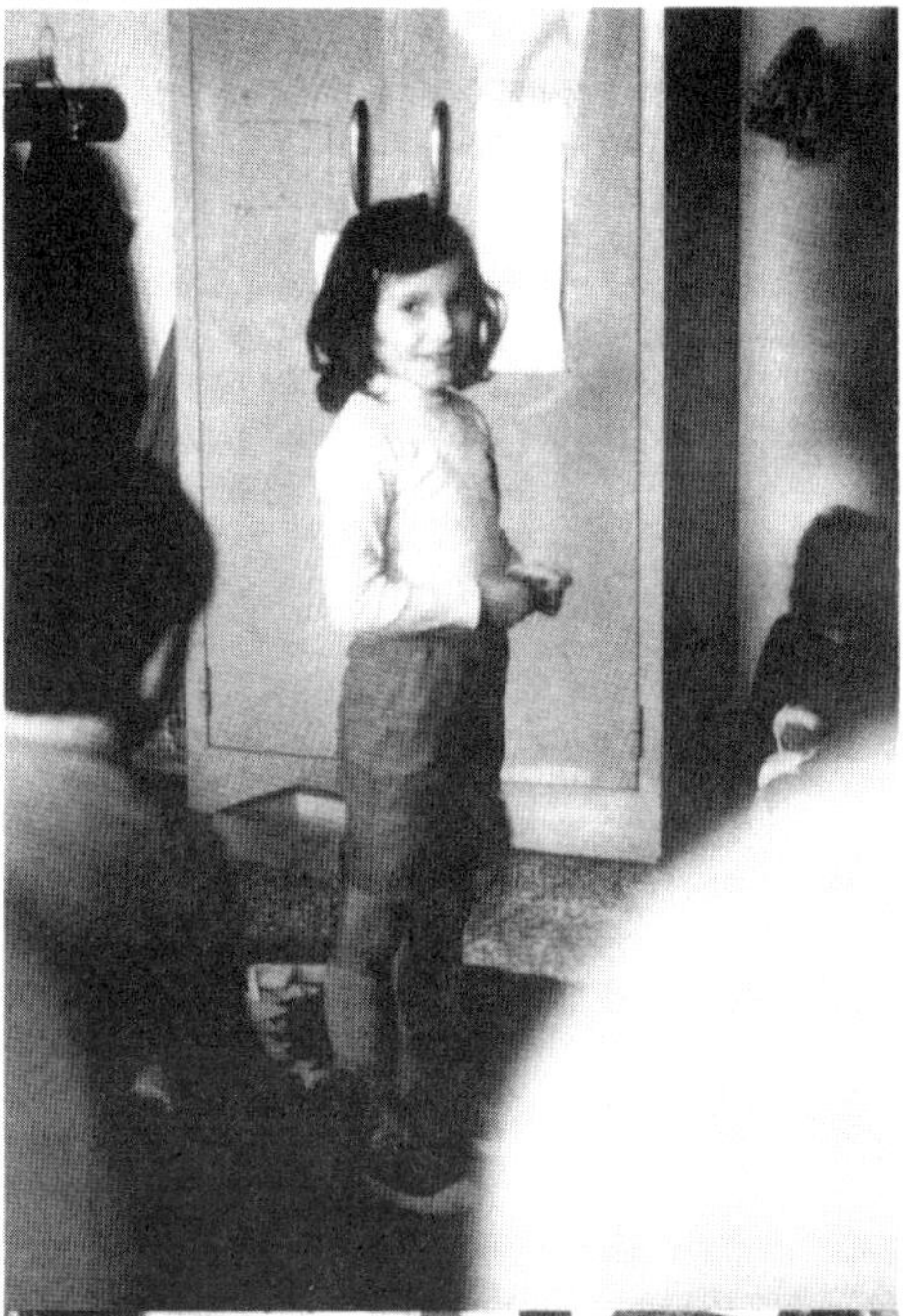

▼▼踊りが終わると、子どもたちはグループごとに話し合って、即興劇を始めた。内容は、日常の会話や出来事など他愛ない。が、子どもたちは実にのびのびと演じ、表現を楽しんでいる。
▼▼ローディの教室では、時間は流れるように、なだらかに移っていく。
［本文5ページ参照］

ずといっていいほど高い関心を示すのは偶然ではない。

このようなローディの教育実践は、演劇教育の一つの典型といってもいい。演劇教育とは演劇の創造と鑑賞、演劇の本質を教育に生かす教育活動だからである。

いずれにしても本書は、「もはや知識の伝導者ではなく、子どもたちが合議によって研究を進めて文化の生産者になるような学習の組織者」（チャーリ）としての教師をあますところなく書き綴ったものであることは間違いない。

田辺敬子の仕事

私にこのような〈衝撃力〉を与えた膨大な実践記録を実に読みやすく翻訳してくれたのが田辺だ。こなれた日本語を縦横無尽に駆使した翻訳本となっている。巻末の訳者の解説「マリオ・ローディの仕事」が周到で秀逸、実践記録を読む手助けをしてくれている。

私が田辺に会ったのは一度だけである。当時編集代表をしていた「演劇と教育」の特集「実践記録を読む」という座談会に出席していただいたのだ。もちろんその時のテーマは実践記録『わたしたちの小さな世界の問題』を読むということである。(3)

この大部な本を取り上げることを提案したのは、演出家で大学教授であった故高山図南雄だった。彼はスタニスラフスキーに関する優れた数冊の翻訳本をものにしている。日本におけるスタニスラフスキー研究の第一人者と言える。その彼が編集後記に残したことばが忘れられない。

「翻訳者・田辺敬子氏は、そのローディの魂を全身で受けとめたかけがえのない研究者だ。翻訳という仕事は、単に横のものを縦にすることではない。その仕事の間中、朝も夜も、著者と一対一のぎりぎりの対話の連続である。まさに対話なのだ。そこで感じとり、発見した一切が、作品に投影され眼に見えぬ強みを与える。田辺氏のこの仕事は、日本の教育の土壌にまかれた一粒の麦になるにちがいない。」

この特集の口絵は、一九七四年に田辺が撮影したものである。ローディ自身の姿、踊りや即興劇に興じる子どもたちで飾られている。おそらく日本人としてはじめてローディ級を写したであろう貴重なものだった。

私にとって大切で、思い出深い、田辺を囲んだ座談会の記録を後年拙著に再録させてもらうことにした。(4) 私が今でも悔やんでいるのは、田辺に連絡が取れずに、この本を手渡すことができなかったことである。

註

＊引用はすべて『わたしたちの小さな世界の問題』（マリオ・ローディ著、田辺敬子訳、晶文社、一九八八年）より。

（1）「三輪車疾走」雲母書房、一九八九年1＋2月号、『わたしたちの小さな世界の問題』書評「反ランキングの衝撃」福田三津夫。

（2）『実践的演劇教育論――ことばと心の受け渡し』福田三津夫、晩成書房、二〇一三年。

（3）「演劇と教育」一九九三年六月号　座談会「『小さな世界』をひろげる記録」、出席者〈田辺敬子、高山図南雄、副島功、福田三津夫〉。
（4）『ぎゃんぐえいじードラマの教室』福田三津夫、晩成書房、二〇〇九年。

〈参考文献〉

・『イタリアの学校変革論』落第生から女教師への手紙、バルビアナ学校著、田辺敬子訳、明治図書、一九七九年。
・『こすずめチピのぼうけん』マリオ・ローディ作、佐藤智子訳、伊東寛絵、ベネッセ、一九八九年。
・『授業からの解放』村田栄一、雲母書房、一九九四年。村田は「マリオ・ローディとの出会い」で『わたしたちの小さな世界の問題』の本質を見事に活写している。

（前「演劇と教育」編集代表、埼玉大学・白梅学園大学非常勤講師）

田辺敬子氏とA&B

出田　恵子

田辺敬子氏から、児童文化研究会のA&Bに誘っていただいたのは、今から三十年ほど前の一九八四年のことでした。電話で、「マリオ・ローディという注目すべきイタリアの教育者がいるのよ。机上の空論ではなくて実践する教育者よ。本物の教育に関心があるなら学ぶべき点は山ほどあるわよ。あなたも来なさいよ。いずれ母親になるでしょ。お母さんにこそ大事な研究会よ」と入会を勧められたのです。

学生として彼女に出会った頃と同様、相変わらず活動的で、この時もA&Bの会は彼女の熱心な呼びかけで自然に立ち上がりました。

会のメンバーは、研究者、小学校、高校の教師、裁判所、区役所などの国家・地方公務員、新聞社や一般企業勤務、大学勤務、学生、主婦など様々でした。田辺氏の活動範囲の広さと人との出会いを大事にする姿勢が表われています。

こうして、卒論でお世話になり、イタリア語を学んでいた私も、Ａ＆Ｂの世界に入ることになりました。

Ａ＆Ｂとは、友だちになりたい大人（Adulti）と子ども（Bambini）のための月刊紙で、一九八三年にマリオ・ローディが創刊しました。一九八五年にはピアデナ（ローディの住んでいる町）のビブリオテカ・ポポラーレ（民家図書館）＝生協の文化部として一九四五年創設、一九六二年から『クアデルニ・ディ・ピアデナ』（ピアデナ・ノート）雑誌発行＝から、二年目を独自の新聞として再出発しました。以前の一年目と同様、子どもに表現の自由を保証する場として、一切の広告なしで、子どもも大人も全てボランティア活動として、この新聞を発行し、購読料のみの独立経営で成り立たせました。二年目のＡ＆Ｂ紙成立に際して田辺氏もローディ氏からいろいろと構想を聞いていました。そして、日本からも全力で、参加、支援すると約束していたようです。

この月刊紙の名をとった日本のＡ＆Ｂの会（グルッポＡ＆Ｂ）は、月一～二回の例会の他に、年に二～三回の合宿と、月一回の「Ａ＆Ｂはがき通信」で活動していました。

このはがき通信は、第一に、メンバーの自己表現、創作（詩、絵、日記、随筆、ルポ、イタリア語レッスン、翻訳その他何でも）の場、第二に、メンバー相互の交流（情報、思想、会への提言）の場、第三に、例会に参加できないメンバーの発言（紙上参加）の場であり、最小限のメンバー要件として、毎月一回はがき一枚（四〇〇字原稿用紙一枚）のスペースが確保された権利として提供されているものでした。

インターネットの発達した昨今では、フェイスブックをはじめ多くのより便利で簡単な方法があるでしょうが、三十年前の当時は、これでも画期的な方法だったのです。とにもかくにもメンバーが、近況報告及び問題提起の場とすることができました。田辺氏の、何とかメンバーを鼓舞し成長させようという思いが伝わってきます。

例会では、イタリアA＆B紙を翻訳し、その内容に対する各人の考えを発表し合いました。また、各人が仕事をする際に気づいた問題点や、現在感じている日本の教育上及びその他の問題点を発表し合いました。活気あふれる充実した会のこともあれば、受身でなかなか前進できない会のこともありました。「なかなか同好会から研究会になれない」と言われていたゆえんです。

そのような中でも、A＆Bの会とマリオ・ローディのA＆B紙との交流は始まっていました。日本の子どもたちの生活や遊びなどを紹介したこともあります。その一部が次のものです。（別紙二枚　一九八五年三月及び四月）

田辺氏はA＆Bの活動中、マリオ・ローディに代表されるイタリアの先進的な教育を研究するためにイタリアへ向かいました。マリオ・ローディと会い新版A＆Bに関する意見交換を行うだけでなく、できる限り教育現場に足を運んでいます。

例えば、そのうちの一つとしてトルレのアルド・モーロ小学校が挙げられます。田辺氏はマリオ・ローディとともにこの小学校を訪ねています。1年目のローディのA＆B紙の論説にも登場したキアラという少女に会うためです。キアラは十歳の小学校五年生でした。彼女はA＆B紙で、

「みんなで物語を作ろう」と提案した少女です。実際にアルド・モーロ小学校では、目の前で、五年生の子から合作の方法論の提案があり、三年生の子から内容についての提案があって、子どもたちの生き生きした様子に田辺氏は感歎していました。この時の訪問について田辺氏は次のように述べています。

「本当にどうしてイタリアの子どもたちはこんなに生き生きしているのかと驚くほどでした。きっと、そのうち、また楽しい話がこうしたなかから生まれてくるのでしょう。うらやましいかぎりです。イタリアの子どもたちは日本の子どもより、ずっと幸せそうだと思います。一般に給料は十年前に比べて日本と逆転してずっと私たちより低く物価はインフレで値上がりして東京と大差なく、生活はそれぞれ大変そうですが、どうしてこんなに親切なのかと思うほど皆、人間らしいゆとりと愛情にあふれ家族を大切にし家庭が確かに存在しているのです。」

この時田辺氏が会ったアルド・モーロ小学校の子どもたちから届いた皆で署名した手紙と、地元の新聞に載った記事「キアラの感想文」が次のものです。訪問した田辺氏もローディ氏とキアラとともに載っています。（四七頁、四八頁に掲載）

子どもを主体にした自由教育の意義を立証するため多忙な田辺氏でしたが、日本のA＆Bの会を更に充実したものにしようとしていました。一九八六年のはがき通信に、現在の「いじめ問題」にもそのまま当てはまるような田辺氏の言葉があります。

「イタリアから『日本の教育は一体どうなっているのか』という疑問をなげかけられて、はか

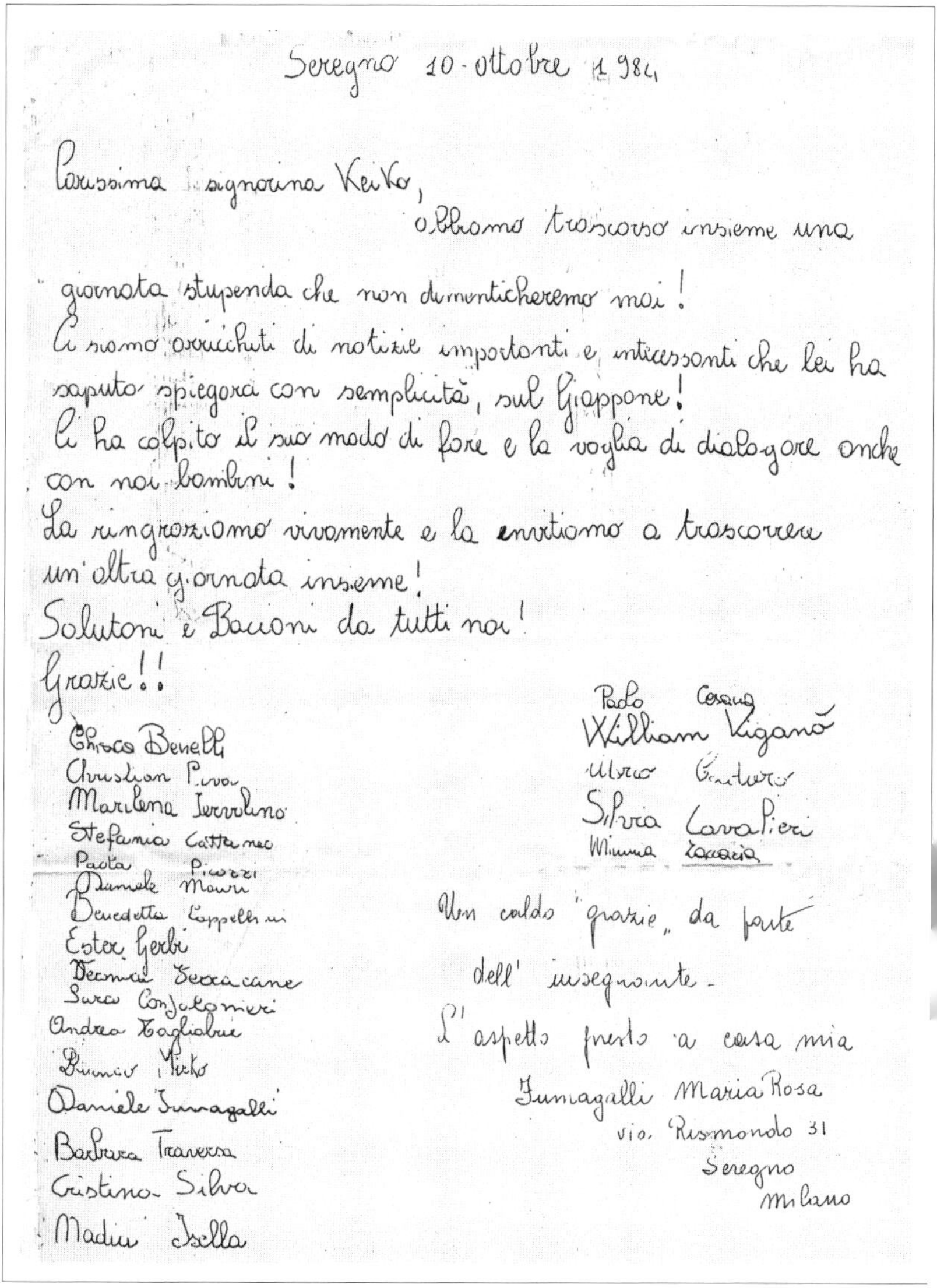

Seregno 10-ottobre 1984

Carissima signorina Keiko,
abbiamo trascorso insieme una giornata stupenda che non dimenticheremo mai!
Ci siamo arricchiti di notizie importanti e interessanti che lei ha saputo spiegarci con semplicità, sul Giappone!
Ci ha colpito il suo modo di fare e la voglia di dialogare anche con noi bambini!
La ringraziamo vivamente e la invitiamo a trascorrere un'altra giornata insieme!
Salutoni e Bacioni da tutti noi!
Grazie!!

Chiara Benelli
Christian Piva
Marilena Ferrolino
Stefania Cattaneo
Paola Piozzi
Daniele Mauri
Benedetta Cappellini
Ester Gerbi
Veronica Seccacane
Sara Confalonieri
Andrea Tagliabue
Bruno Pinto
Daniele Fumagalli
Barbara Traversa
Cristina Silva
Nadia Isella

Paolo Cesana
William Viganò
Ulrico Centurelli
Silvia Cavalieri
Mimma Zaccaria

Un caldo "grazie" da parte dell'insegnante.
L'aspetto presto a casa mia
Fumagalli Maria Rosa
via Rismondo 31
Seregno
Milano

アルド・モーロ小学校の子どもたちからの手紙

Lo scorso lunedì alla scuola elementare «Aldo Moro»

Scambio di opinioni fra lo scrittore Lodi e 5A

All'incontro era presente anche la pedagogista Keiko che traduce i suoi libri in giapponese. Le impressioni di un'alunna

Lo scrittore Mario Lodi con la piccola Chiara Benelli e la pedagoga giapponese Keiko.

Gli alunni della 5A, plesso Aldo Moro, dell'insegnante Mariarosa Fumagalli, con lo scrittore Mario Lodi

Alla scuola elementare "Aldo Moro", lunedì 8 ottobre, gli alunni della classe quinta sezione A, unitamente alla loro insegnante Maria Rosa Fumagalli, hanno incontrato lo scrittore Mario Lodi e la pedagogista Keiko, che traduce i suoi libri in giapponese.

Scopo della visita è stata la necessità di uno scambio di opinioni sulla scuola d'oggi e la possibilità di partecipare alla realizzazione di un testo scolastico, fatto appunto da molti ragazzi italiani e coordinato dallo stesso Lodi.

L'incontro, caloroso e simpatico, ha visto la partecipazione di molti altri ragazzi delle classi quinte dei plessi "A. Moro" e "Stoppani" e, soprattutto, ha entusiasmato Chiara Benelli, alunna di quinta A e grandissima ammiratrice dello scrittore.

Ecco le sue impressioni ed emozioni dopo l'incontro scritte per il Cittadino:

Finalmente dopo tanto tempo il mio sogno s'è avverato!

Eppure tutto mi sembrava irrealizzabile, solo fantasticherie quando due anni fa in estate, senza libri da leggere ne avevo acquistato uno seguendo il consiglio della libraia, era di Mario Lodi, lo stesso scrittore citato nel nostro libro di testo... Era il "Permesso" un libro che ancora adesso considero molto interessante dove si mostra uno spiccato senso dell'amore per la natura confuso con il fascino misterioro della caccia.

Mi piacque subito il suo modo di scrivere e ne fui ancora più convinta quando, curiosa di scoprirlo e bisognosa di letture piacevoli e interessanti lessi anche "Cipì". Mi sento in "dovere" di definirlo stupendo!

Narra il problema dell'esistenza degli animali e della "legge della natura" dove può sopravvivere solo il più forte.

Ad un tratto mi venne lo strano desiderio di scrivergli più per complimentarmi che per conoscerlo!

Finalmente riuscì ad avere l'indirizzo... Un pochino titubante, spinta da curiosità e ammirazione gli scrissi la prima lettera... Dapprima sperai nella risposta, ma in seguito abbandonai la speranza!

Nel frattempo lessi un altro suo libro: "Il paese sbagliato"!

I problemi di cui trattava mi fecero riflettere: il razzismo, la povertà, la droga, l'emarginazione...

Finalmente, quando ormai la speranza di una risposta era completamente svanita, ritornando da scuola trovai la lettera.

"Che gioia!" Era di Mario Lodi...

Al colmo della felicità salii le scale a rompicollo e balbettando lo dissi alla mamma.

Iniziammo così a far corrispondenza... In una lettera lo invitai a trascorrere una giornata insieme in montagna dove abitualmente passo le vacanze...

Accettò: ci saremmo visti una domenica di luglio...

Che gioia, che felicità, ma anche che ansia e che emozione!

Finalmente giunse il giorno! Capii subito che era un uomo semplice, gentile, molto premuroso e per niente vanitoso.

I suoi libri rispecchiavano chiaramente la sua personalità: amante della natura, osservatore... scoprii che era anche pittore... Passammo insieme una giornata stupenda fra il verde della monagna e della natura che ci circondava. Prima di ritornare a Piadena mi promise che ci saremmo rincontrati a Seregno per completare un'idea precedentemente accordata su un libro da scrivere insieme!

Ben presto finirono le vacanze estive e iniziò la scuola...

Mi rimisi in contatto con lo scrittore e dopo diverse telefonate decidemmo la data di quell'incontro: 8 ottobre 1984! Una data per me quasi storica!

Dopo un'attesa dove l'ansia, il nervosimo erano da padroni, la porta lentamente si aprì.

In preda all'emozione mi dimenticai di gridare "benvenuto". Mi limitai a balbettare "buongiorno" e anche i miei compagni con voce flebile salutarono lo scrittore...

Interessati iniziammo a fargli delle domande a cui rispondeva saggiamente. Discutemmo tutta la mattina e lui ci spiegò la sua vita e le sue esperienze di maestro, alunno e... scrittore...

La mattina non bastò e decidemmo di riunirci anche il pomeriggio... Ci ritrovammo!

Accompagnato dal nostro chiacchierio, dalle domande e dalle chiare risposte dello scrittore, giunse anche il momento della partenza di Lodi.

Ci affrettammo a salutarlo e due nostre compagne gli porsero il regalo: il libro "La storia di Seregno"! Lo scartò felice e commosso e ci ringraziò! L'accompagnammo fino all'uscita e lì lo salutammo con la speranza di incontarlo di nuovo.

地元の新聞（『日曜の市民』）に載った記事（キアラの感想文）

らずも『いじめ』の問題から逃げられなくなった。ただ、問題から逃げるのではないが、『ことさらにセンセーショナルに報道するジャーナリズム』や『いっせいになびき、おどらされる日本人の受身な体質』や『文化の脆弱さ』を克服していくためには、それらに対抗していく強い意志と積極的な希求の念がなければならない。現実問題として、個々人の日常の実践しかない、というさしせまった気持ちだ。それを具体的にやってみせているのが、ローディの『A＆B紙』だと私は思っています。誰でも出来ることとして。私たちもやるしかないと思います。それぞれ自分のできる形で、しかし殻に閉じこもらずに、遠慮せずに。もっとコミュニケーションをよくすることはできないものですかね。何かまどろっこしいんですよね。受身なんだよ、みんな。」

何もかも見通しているような田辺氏の見開いた眼が目に浮かぶようです。

その後、私が八年ほど日本を離れている間に、残念ながら日本のA＆Bの会は解散してしまいました。しかし、田辺氏が「子どもを主体にした自由教育」を実践しようと、A＆Bとともに残した足跡は消えません。

最後に、時に厳しく時に優しく常に暖かく接してくれた人生の師、田辺敬子氏に、感謝の意とともにご冥福をお祈りいたします。

（NPO法人砧音楽療法研究会副理事長）

田辺先生の思い出と教え

佐藤　朝代

田辺敬子先生に初めてお目にかかったのはけやの森のフレネ研修会でした。二十年前、フレネ教育というものがあることを本園講師の美術の先生から聞き、フレネ教育の子どもの主体性を重んじる考え方に共鳴し、けやの森で研修会を開いた時のことでした。

保育室を一つひとつ丁寧にご覧になられる先生に、私がご挨拶させていただきました。髪の毛をショートカットにされ、爽やかなお姿が印象的でした。その後五年間毎年行われたフレネ教育の研修会には欠かさずいらして下さいました。私共の保育をつぶさにご覧になり、「もっと子供に意見を聞いたら？」と率直なご意見を聞かせてくださいました。

いつでしたか埼玉工業大学の田辺先生の公開講座に、本園の職員である鷲津矩子さんを参加させました。それが先生との個人的なご縁の始まりでした。公開講座の内容を知るにつけ、先生のごく自然で民主的な教育観に感じ入ったことでした。その後、職員や父母の研修に度々先生を講師としてお招きすることになりました。理想は子ども主体でも、実際は教条的な私たちの保育に、なぜ？　と疑問を感じられたのでしょう。「もっと普通に、もっと自然に、」これが先生の口癖でした。

またけやの森学園には、NPO法人けやの森自然塾という自然体験活動を通して青少年健全育成を目的とする団体がありますが、その活動にも気軽に足を運んで下さいました。

あるとき、三浦海岸でクサフグの産卵を観察することがありました。潮に乗ってやってくる沢山のクサフグをまじかに見ながら、「まあ、こんな小さな生き物でも潮の満ち干を知ってチャンスをのがさないのね」と生命の不思議に見入っておられました。

翌日近くの東大の理化学研究所でウミホタルやミジンコについて、研究員の方から説明を聞きましたが、子どもたちの中に入って質問をされ、楽しまれるなど子どもたちと全く一緒になって学ばれるお姿に先生の学問に対する真摯なお気持ちを垣間見たような気がいたしました。

ある自然塾のキャンプの時のことでした。

箱根に在る私の実家の別荘まで、狭山から周遊券を使ってグループで到着しなければならないというキャンプでした。最後のグループが到着するまでに、子どもたちはハプニング続きで、ハラハラドキドキの連続でした。夜になるとそれぞれの失敗談で話が盛り上がっていましたが、大人は大人で先生を囲み教育論議に花を咲かせました。「教師であってもわからないことは素直になぜ？　どうして？　と徹底して解明すべきでしょ」と言われるなど、先生は何でも試したがり、子どもと一緒に面白がる学究肌で行動的な方でした。

けやの森の職員研修会や狭山市の保育研修会などに講演をお願いすると、すぐに来て下さり、子どもの主体性を重んじることは、子どもの能力を引き出し、自信と意欲をもたらすと説かれ、教師がその環境をつくることの大切さについて、熱く語られたのを覚えております。

また、イタリアのレッジョエミリア市の教育のルーツはフランスのフレネ教育であると説かれ、私たちけやの森六名のフレネ学校視察研修旅行にも講師として気軽に加わって下さいました。教室で勉強する子どもの姿をその背景にある理論に照らして細かく説明してくださいました。

今になって考えますと、大変贅沢な時間でした。

そのくらい先生は気取らず飾らず、子どもに対しても大人に対しても、いつも勉強したいものには労苦を惜しまず接して下さいました。

今、私はフランスからの帰りの機中でこの原稿を書かせて頂いています。思い返せば田辺先生に講師をお願いした研修旅行から既に十一年経っていました。私は四度目のフレネ学校訪問でした。

ここでせっかくですので、先生の幼児教育に対するお考えのルーツでありますす今回のフレネ学校の訪問の印象を記させていただきます。

フレネ学校を視察して

小雨に煙るバンスはまた、しっとりとした趣きが感じられました。緑と岩山のすばらしい景色に囲まれたフレネ学校は以前とかわらぬたたずまいを見せてくれました。

幼児クラスの朝の会では、壁にはられた数字を示しながら、出欠やおやつの数と子どもの数を照らし合わせるなど知的な学習も身近な生活から学ばせていました。今日の提案というところでは、日本からやって来た研修団からの発表を子どもの議長さんは一番にとりあげてくれました。私たちがお土産に持って行った折り紙やけん玉を披露すると子ども達はとても興味を持って見ていました。天気は生憎雨、時々曇りだったため、子ども達は少しざわついていて集中力に欠けていました。

幼児クラスの先生は他の学校にも行かなければならないので出勤日は火曜日と金曜日の週二回で、明後日の木曜日はかつて幼児クラスの教師だったミレーユ先生が来られるということでした。子どもを四日間通して見ているのは助手のマリー・ポール先生でした。

幼児クラスの子どもは、朝の会の後、雨も小降りになったので洞窟で遊びました。子ども達は危険な岩場にも長い棒を持って登ったり、木の枝にぶら下がったりして遊びました。教師から活発な遊びを制限する言葉は何もありませんでした。少し遊んだ後、先生の合図で手も洗わず、おやつのパンをほおばっていました。改めて日本の執拗なまでの安全に対する考え方に、疑問をいだきました。三十分位で洞窟の遊びを終え、また教室でそれぞれの活動にもどりました。

そこからは中学年のメラニー先生の教室を見学しました。

クラスの中で主に低年齢の子どもは、それぞれの学習計画に則って各自学習していましたが、高年齢の子どもは、黒板の前に集まって、一人が黒板に文章を書いて教師の指導をうけていました。文法の勉強でした。

十二時になると給食です。外でサッカーをしていた子どもも、鐘の合図で一斉に食堂に駆けていきました。子どもたちの食事が終わると食堂では私達来訪者のための食事が用意されていました。私たちの食事のお世話をするのはもちろんイニシァチブの二名の子どもです。

楽しい食事の後はアトリエの活動になりました。

高学年の子どもは大作に取り組んでいました。一人の女の子は妖精の絵を描いていました。どんどん湧いてくる発想に忙しく筆を走らせていました。またある男の子は、恐竜の絵に取り組んでいました。時折絵から離れて自分の絵を眺めては絵の具の色を変え、また眺めていました。

フレネでは、下描きなどはせず、いつも子どもを想像の世界に遊ばせ、自由に描かせていたそうです。そこには子どもたちの豊かな夢の世界が次々に生まれていました。

中に一人の女の子がイニシァチブなのか、泥えのぐをかき混ぜては溶け具合を確かめる仕事をしていたのが印象的でした。

フレネ学校の教師たちは校長先生を含む三人の先生がたが定年で次々入れ替わり、また新たな雰囲気を醸し出していました。構内のそこここに色鮮やかなオブジェが置かれ、素朴なフレネにセンスの良い明るさが加わった感じがしました。

フレネ学校創設者であるセレスタン・フレネは第一次世界大戦で弾丸を胸に受けたことから学校は兵士を育てるためではなく、その子のもっているものを開花させるところでなければならないという強い理念に突き動かされ、新しい教育の形を子どもの現実の姿から学び、次々学校を変革していきました。

自由作文、印刷機の導入、コンフェランス、共同組合の活動、話し合いやイニシアチブなどは、子どもが主体となった生活を実現するために考え出された方法でした。

文学を志したフレネと美術の教師だった妻のエリーズは自然な形で子どもたちを自由に表現させることに情熱を傾けたのでした。

太陽を身体いっぱいにあび、風にそよぎながら、花びらを空に大きく広げる花のように、子どもたちが自分たちの力で考え、工夫し、努力しながら、生活を心から楽しんでいる学校、そんな印象を今回もフレネ学校を視察して強く感じたのでした。

先生の教えを活かして

現在、けやの森学園では日本の社会の中で、また、自然と深くふれ合う環境の中で、さらには仏教という心の支えを持つ中で、フレネ教育の形も独自の進化をしてきました。認可外施設の幼稚舎と宗教法人立の保育園という名実共に幼保一体の施設として、他の考えに支配されることのない独自の道を歩んでおります。

自然にふれて感動したことを友だちとかかわりながら、表現し生活を楽しむというごくごく自然で昔の子どものような素朴な生活をつくっています。

庭の石の下にいるダンゴムシに興味をもって友だちと一緒に調べたことを話し合ったり、林の中でもりあがった土（モグラ塚）をふしぎに思い、土の中を想像したり、また、ある時はさつまいもの苗を畑に植えたところ、ほとんど枯れたしまったことから、水のことを研究する活動になったり、特に五歳児はフレネ学校のような共同的総合的学びで一年間過ごすという生活をつくっています。

けやの森では、教育とはかくあるべきと論ずるものではなく、それぞれが生きる過程で事物に出合い、心と心をこすり合わせ響き合う行為であると考えています。自然の中に子どもも教師も放り出すことによっておこってくるモタモタ、ゴタゴタを解決し、よりよい生活をつくっていくことであると考えています。教育も保育もどこに向かって何を行うのかということが重要であり、教師は常に子どもにそれを問われています。教師は自分自身も共に生きる仲間として、子どもと共に日々精進しなければなりません。何より教師の情熱や態度が重要であり、目的を達成しようと懸命に努力する中でうまれてくる技術や方法がそれを後押しすると考えています。

わたしはしばらくぶりのフレネ学校の視察を終え、心の中で一人フレネ学校の印象をつぶやいていました。それはとりもなおさず、田辺先生が常に子どもの立場にたって子どもの権利を主張し続けてこられたことでもあったと改めて思いました。

「子どもが主人公」
「子ども自ら考えて生活を作る」
「子どもが自由にのびのびと表現する」……。

フレネ学校は私共の理想の学校であり、けやの森の現実の姿をより理想の教育へと手をとって導いて下さったのが田辺先生でした。

先生の高潔なお人柄、強い独立心、物事を正しく見極める鋭い目、生に対するいさぎよさ、人に対する平等感、人権を尊重する心、私が先生を尊敬してやまないこれらの心は、これからもけやの森の子どもたちやその父母、そして、教師の心の中に生き続けていくことと信じています。

先生と鷲津さんと私の三人で名栗の宿にほたるを楽しむという恒例の行事も叶わぬものとなりました。

田辺先生から賜りましたお教えの数々を感謝の気持ちと共に心に深く刻み、子どもの未来に活かしていくことをお誓いいたします。

（ＮＰＯけやの森自然塾理事長、けやの森保育園々長）

ジェンダーに関する田辺敬子の業績について
——田辺先生との不思議なご縁

牛島　光恵

都立大学時代の田辺先生

一九七〇年代、田辺先生は、今は首都大学東京となっている東京都立大学で、人文学部教育学研究室の助手として勤務されていました。当時の教育学研究室は、いつもたばこの煙がモウモウと立ち込め、大声で進歩的な教育論を戦わせる男性教授連や学生たちで賑やかでした。田辺先生は、研究室を仕切っていた年配の女性の陰で、あまり発言されることもなく、いつもの静かに教育実習のお世話などをされていました。

そのころ私は、大学附属図書館に司書として勤務しておりました。その関係で、図書や資料のことで研究室を訪ねることも多々あり、田辺先生にもそんな折りにお目にかかったのです。

当時の都立大学は進歩的な発言をされる先生も多く、一見進歩的・革新的な雰囲気がありました。しかし、研究室を訪ねると多くの女性は学歴や研究成果が十分にあっても助手止まりでした。助教授になっていたのは、戦前から女子師範の教授を務めていたご年配の先生お一人だけでした。男性は内部昇格も多く、他大学にポストを得て転出なさる方も多々ありました。しかし、女性研究者の多くは研究を発表しても認められず、長年「助手」のポストに留め置かれていました。仕事は、図書の整理や研究室の事務等でした。そんな女性たちの間では「万年助手」と言う言葉が飛び交い、将来に希望が見えない状況でした。それが一見進歩的、革新的、そして外見には男女平等に見える大学研究室の実態でした。その姿は長く深く印象に残りました。

私は、その後退職いたしました。一九八二年のことです。当時、核家族で二児を育てながら勤務を続けておりました。精一杯頑張り、当時は女性では珍しかった係長に昇格していました。しかし、それもまた負担が増えることとなりました。働きざかりの夫は、お決まりの長時間勤務。結局、体力・気力が限界に達し、折角面白くなってきた仕事や周囲の期待を捨てて無念の退職でした。

一七年後の再会

ある時、JR大井町の駅前でエレベーターを待っていた時、偶然田辺先生にお会いしました。一七年ぶりの再会でした。お互いに驚き、早速近況を報告し合いました。

先生は、埼玉県岡部市にある埼玉工業大学の教授になっておられました。「まあ良かった。助手からいきなり教授とは素晴らしい！」と手ばなしで喜ぶ私に、先生はおっしゃいました「でも、居心地は良くないのよ。助手からいきなり教授で着任したので、教授職を待っていた人々を追い越す形になってしまい、意地悪されているのよね」とのこと。時間割の組み方、担当授業等すべてにわたって意地悪があったとのことでした。意地悪は陰湿で、耐え難く、〝もう我慢の限界！〟といったんは退職を決意されたとのことです。しかし、上司に出した辞表は返され、逆に昇進して研究所長におなりになったとのことでした。実力、お人柄を見ていてくださった人もいたのです。

「都立大学時代にはひどいストレスで乳がんになり、今回もストレスでもう片方も乳がんになってしまったの」との信じられないことを伺いました。大井町のお気に入りのお店でイタリアンをご一緒しながらニコニコとしておっしゃったのです。本当に驚きました。乳がんを二度までも！　それも転移と言うことではなく、全く別の物とのことでした。幸い、手術も無事に終わり、今は昇格して勤務に復帰していらっしゃるとのことでした。原則ご自宅から遠距離通勤、地域の女性たちと女性問題を話し合う勉強会を持っていること等をお話し下さいました。

私は、退職後三年ほど専業主婦になりました。その間は、各地の講座等に通って社会問題を勉強しました。特に、ジェンダーの問題には強く引きつけられました。それは私自身の問題でもあったからです。「なぜあの時仕事を辞めねばならなかったのか？」と。上司・同僚・後輩の期待に背いた痛みはいつも心の底にありました。

その後、元上司の世話で当時の東京都の女性センターである「東京女性情報センター（現ウィメンズプラザ）」の職員になりました。時は一九八五年、日本が国連の「女性に対するあらゆる差別を撤廃する条約」に署名した年です。マスコミも「女性の時代」などと、女性関連の記事を多く取り上げました。センターの仕事をする中で、霧が晴れるように、女性の置かれた立場を理解することが出来ました。あの研究室の助手さんたちも、中年で職を失った私も、同じ、性別役割分担で成り立っている男性優位社会、更には、古くから続いている家制度を今も引きずっている社会の中にいたことを知りました。やっと捜していた答えを見つけたと言う思いでした。そこで、テーマを女性問題、今でいうジェンダー論に絞ることにし、女性情報センターを退職し、五〇歳になってから大学院で学びました。その後、運良く埼玉県に新設された私立大学の公募に通り、お目にかかった時には駆け出しの教員になっていたのでした。

折角のお気に入りのイタリアンが冷たくなってしまうほどの長話でした、思いがけず、二人とも埼玉県の大学で教員となっていること、根は同じ問題に苦しんできたこと。更に、大学の教員になってもまだジェンダーの問題、女ゆえの問題に苦しめられていることを確認しました。先生がそのために健康を二度までも害されたことには怒りが収まりませんでした。そしてそれが後々先生のお命を奪うことになるとまでは気付きませんでした。

「家族社会論」を共同担当

二〇〇一年の秋のことです。田辺先生の勤務先の埼玉工業大学に近い本庄市に「本庄児玉看護専門学校」という四年制の看護学校が新設されることになりました。地域内の大学協力によって専門科目以外は田辺先生のいらっしゃる大学から教員を出すことになり、先生は「家族社会学」（半期、一コマ）を担当されることになったとのことでした。

看護学校は卒業しても国家試験を通らねば、看護師にはなれません。テキストも決められ、講義の内容も決められています。講義をする側の自由度はほとんどないのです。そこで、先生は智恵を絞り、半期一コマを半分にして、前半を牛島が国家試験向けのテキストを使った授業を行い、後半は先生が自由にイタリアの教育と家族について話すという計画になりました。

二〇〇二年春、新設の看護学校での授業が始まりました。学生さんたちは真面目で、礼儀正しく基礎学力も十分で向学心に溢れていました。私は、「家族社会学」の内容一コマ分を半分でやるという大忙しの授業です。欲張りにも、そこにジェンダー論の視点をなるべく取り入れたいと願っていました。看護の経験を持っている学生さんになるべく発言して貰い、それを皆で考えました。戦前までの農村社会では、生産労働を担いながら、子どもの保育や家族の介護等は当然の女性の役割だったこと、戦後は家制度の考え方が残る中で、生活様式や家族が変化し、社会の対応が追いついていないこと。そのつけが老いた人、病む人、その介護をする人々を苦しめていること等大急ぎで話しました。

後半は田辺先生です。仕事の関係で残念ながら私は先生のお授業を伺うことが出来ませんでしたが、先生は、テキストは使わず、折から出版されたイタリア／レッジョ・エミリア市の幼児教育実践記録『子どもたちの１００の言葉』を題材に自在にお話しをされたようです。終了後に提出された学生たちのレポートでは、圧倒的に後半の田辺先生の授業が好評でした。画一的な教育を受けてきた学生たちにとって、全く新しい世界、考え方を示してくれたという感想がたくさんありました。

ユニークな授業は、残念ながら一年で終わりになりました。「来年は看護の先生をお願いすることになりましたから」と私たちは首になりました。看護学校は国家試験の合格を目指さねばなりませんので、私たちの授業は型破り過ぎ、受験には役に立たなかったのでしょう。

地域での女性問題勉強会

ある時、「岡部に行こう」と誘われて岡部の埼玉工業大学にお邪魔したことがあります。そこには、長年地域の女性たちと勉強会をして作った記録がたくさんありました。夕方になると愛車を引き出して、「ご飯を食べに行こう」となり、研究会メンバーが経営しているおそば屋さんでご馳走になりました。そこの奥さんは地域女性研究会のメンバーで、「田辺先生の研究室で始めて女性の問題を勉強しました」とおっしゃって、私たちを大変歓迎してくださいました。お嬢様育ちで生粋の学者である田辺先生が庶民の奥さんたちと女性問題を勉強する会を持ったというのは意外でした。ジェンダーという言葉すらも届かない商店や町の人々に女性の問題を考える契機をつくり、それを記録に残すという、仕事を息長く続けてこられたのでした。敬服でした。その結果、町の中に沢山のファンや知り合いが出来、退職後も温かい交流が続いているという素晴らしい結果を見せていただきました。

終焉

ある時突然、「私ステージⅣなの」と告白されました。「乳がんが肝臓に転移し、肝臓の表面にビーズをばらまいたように散っているというのよ。一箇所ならば取りようもあるけれど、ばらまかれているので、それは出来ないと言われたの」とのことでした。それからの先生はお見事でした。医療をご自分で選択なさり、いつも毅然と対処されました。随分苦痛もおありになったと思います。ご自分の学問を伝えることが出来たらば命と引き換えでも良いと思っていらっしゃるのだと、その生き方の強さにただ敬服でした。

まだ女性が、留学する、学者になる、独身を通すということ、が一般的ではなく、学問の世界への道は閉ざされていることが多かった時代です。その中で果敢に生きたご生涯でした。直接に声高にジェンダー論を訴えたわけではありませんが、その生き方の全てを通じて、ジェンダーの考え方を庶民の女性たちにさらりと伝えたことは、貴重であり、清々しい生き方だったと尊敬しています。

全くの門外漢の私と、先生との不思議なご縁は、ジェンダー（女性の問題）という共通項で結ばれていたのだと、感謝と共に改めて思い返しております。

（西部文理大学元教員）

田辺先生が示した道

青柳　啓子

「中学入ったんでしょ？　やっぱり野球部入った？　帰りにレッジョ展見ていきなさい。青山でやってるから。イタリア映画祭はまだ始まってないわねえ……」

入院なさったと聞いて、あわてて病院に駆けつけたら、私の顔を見るなりいつものように歯切れのよい言葉が次々飛び出した。体調が悪いのに、頭の回転は私より早い。息子の年を覚えていて下さったのに驚いた。子どものことを気にかけていた姿勢は、研究者としても日常生活でも全く同じである。病室にいても、感度鋭いアンテナでちゃんと情報をキャッチしていて、私に的確なアドバイスを下さった。お見舞いに行ったというより、親切な担当教官の指導を受けた気分である。

翌週、レッジョの「驚くべき学びの世界展」を見た。幼児教育の世界に衝撃を与えた二〇〇一年の「子どもたちの一〇〇の言葉展」より十年を経て、再びレッジョ・アプローチは脚光を浴びていた。先生は七〇年代から現地でレッジョ・エミリアの幼児教育の素晴らしさに感動し、夢のように素晴らしい子どもの楽園と評した。日本で最初にレッジョ・アプローチを紹介した功労者であるが、ワタリウム美術館で展覧会が開かれるまでにまだ二〇年以上もの時を要した。イタリアの教育研究者田辺敬子は、時代の先端を一人で進んでいたのである。

先生との出会い

田辺先生とは、私が共訳した『読書で遊ぼうアニマシオン』(1)の著者モンセラット・サルト氏が二〇〇〇年にスペインより来日、上野で講演をした折に、共訳者である佐藤美智代氏の紹介で初めてお会いした。そこに集まった教育関係の方々との会食で偶然隣の席に居合わせたことで、大先輩とのご縁が生まれたのは、今思えば、私にとって本当に幸運なことだった。イタリア語学科出身、また同じ九州の出身（先生は鹿児島、私は福岡）ということで、お話がはずんだことを覚えている。

帰宅後「わたしたちの小さな世界の問題」(2)を読み直し、その丁寧なお仕事に感動した。ローディ氏の膨大な実践記録の翻訳に加えて、長文の「訳者解説」からは、日本の読者に向けて、その誕生の背景までしっかりと伝えなくてはいけないという強い使命感が伝わってくる。インターネットがなかった時代、ローディ氏と何度も往復書簡を交わしてこれを成し遂げるには気が遠くなるほどの孤独な作業を積み重ねたはずである。

先生はしばらく体調をくずされていたようだったが、二〇〇九年に、これからは過去の資料を整理して自分から外に出て発信すると宣言された。二〇一〇年五月一六日、昼間は甲府で私が主宰していた「大人のための絵本サロン」に参加、夜は勝沼で教育関係者を集めて「子どもが主体の教育って？」というテーマで、子どもの主体性を大切にするイタリアの先進的な教育事例についてお話下さった。講演で出た言葉「フレネ教育」「ＭＣＥ」「ジャンニ・ロダーリ」「レッジョ・エミリア」……アニマシオンの背景を調べる中で私が遭遇したこれらの言葉が、先生の体験談と共に関連付けられた。これ以降、私はアニマシオンとの共通項を探しながら、田辺先生の研究を追った。

協同体と創造性

先生が研究された子どもの主体的な学びの条件には、いろいろな切り口があるが、そのひとつの基本に、協同の思想がある。

「一人一人が個を発揮できる協同体をどうつくっていったらよいのか？　どうしたら、本当に活気のある学習が成り立つのか？」講演会で出た質問に答えるのに、先生はまず、イタリア人と日本人の認識パターンの違いを指摘した。日本人は、〈知る→考える→行動する〉という順序だが、これはおかしいのではないか？　イタリアの人たちは、〈考える→行動する→知る〉。まず、行動して、ぶつかった疑問について、みんなでディスカッションして結論を導き出す。そうやって協同体がつくられていくという。個を確立させながら、活気ある集団をつくるには、対話や議論が大切なのだと、あらためて認識した。

創造性は、特別な人だけが持っているものではない。学び方、考え方はそれぞれ違う。

一人一人がすでに持っているものが引き出されて、相乗効果でプラスになっていくようなものを作っていくべきである。教育は教えることではない。子どもが今必要なことを一緒にやること。それは、子どもたちを信頼することから始まる。子どもたちの話に耳を傾けること――特別なことではなく、明日からでもすぐに取り組めること。

先生はそう語って、現場の教師たちを励ましてくださった。教育が社会を変える。上から変革が来るのではなく、自分たちの活動が社会を変えていくということをわかってほしいと強調されていた。

MCEの教師たちとアニマトーレ

「読書へのアニマシオン」は、七〇年代に前述のサルト氏がスペインで考案した読書教育メソッドで、子どもが本を読めるようになることを目的にしている。参加者全員が一冊の本を読んでから、〈作戦〉という教育的目的を持った遊びに参加して、読みを深めていく[3]。子どもの主体性を尊重し、知識を教え込むのではない教育、子どもが自ら考え、仲間の意見を尊重する学び――アニマシオンに出会った時には、私自身その革命的な読書教育に衝撃を受けた。やがて、その考え方の根幹には読書という特定の分野だけでなく、社会文化アニマシオンとして、フランスやイタリアには根付いた文化活動があることを知った。

アニマシオンの背景について、先生に質問すると、「ＭＣＥもレッジョもいろいろな面白い運動がこの時代に同時多発的に出てきたのよ。フレネが元なの。」という回答だった。アニマシオンの運動が盛んになり始めた七〇年代のヨーロッパで起きた教育運動は、それぞれ人を介してつながっていたという。フランスもイタリアもドイツもスペインも、何か新しい波が起こると、教育関係者は自国を飛び出し、現地に行って研修に参加・交流していた。イタリアの教育協同運動（ＭＣＥ）[4]の教師たちは、フランスのフレネ教育の技術を導入し、イタリア流に発展させた。レッジョでは七一年にＭＣＥの中心人物ブルーノ・チャーリを招いて、その技術を学び、幼児教育に採り入れた。また、翌年には児童文学者ジャンニ・ロダーリを招聘し、セミナーを開催、その内容は翌年『ファンタジーの文法』[5]に結実した。[6]その中でカードでお話をつくる遊びを紹介している部分にあそびを教える人としてアニメーターが登場している。この「アニメーター」は、イタリア語で「アニマトーレ」、アニマシオンを実践する人を指す。マリオ・ローディをとりあげた八一年の先生の論文にも、登場していた。

「この『まちがえた村』五年間の教育実践の到達点は彼が教育の「中立性」を棄て、子どもたちがあらゆる抑圧や威圧から自らを解放し、創造的エネルギーと批判力を自由にのばしていくことを目的として、自らをそのためのガイド、アニメーターとして位置づけ、その教育手段の完全な支配に成功したことによって、子どもたちは自主的学習の理想的条件に達している。[8]」

私はアニマトーレとは、職業のひとつだと思っていたが、そうではなく、〝子どもたちに対する導き手のあり方〟なのだと理解した。子どもたちが自由に学ぶことを助けるガイド役は、教師の理想的な姿にうつる。そして、ローディ氏はアニマトーレだったと言える。

本書へのローディ氏の寄稿はとても興味深い。そこで書かれているように、「チピ」誕生のエピソードは田辺先生が大好きな話で、私にも、まるで自分がそこに居合わせていたように何度かうれしそうに語ってくださった。授業中に窓からこすずめを見ようと次々と席を立った生徒たちを注意するべきか、そのままにしておくか……葛藤の後、彼は子どもたちを理解するような教師へ変わることを決心し、子どもたちといっしょに窓から世界を見た――これが、一人の教師がアニマトーレになった瞬間である。

一方、このエピソードの重要性が日本で殆ど伝えられないまま、翻訳書が出てしまったことに先生は落胆されていた。とりわけイタリアの子どもたちが描いた絵を採用せず、日本で別の大人の挿絵がつけられたことについては、怒りを隠さなかった。日本での「チピ」[9]はローディ先生と子どもたちが作ったお話として披露されているが、「チピ」が生まれた背景をひもといて、その精神を学んでいたなら、日本の教育界ももう少しかわっていたかもしれない。この一件も、先生が日本の現場の感覚よりはるか前を進んでいたということの証であろう。

先生は教育現場で起こったことだけに目を奪われていたわけではない。社会事象や政治と教育の関連についても、広範に研究されていた。イタリアの七〇年代教育改革には、労働者の学習権の獲得への労働運動の影響が大きかった[10]。またレッジョ・アプローチの誕生にはレッジョがレジスタンス運動の激しかった地域という要件もはずせない。教師の側から提起された教科書論争[11]も、イデオロギーと教育について考えさせられる事象である。

理想の教育をめざして

先生の子どもの頃のお話を伺ったことがある。国民学校一年生で終戦を迎えた。三つ年上のお姉さんの教科書には墨が塗られ、一気にいろいろなことが変わった。この後、自由な教育の楽しさを享受したが、三年生の時に、文部省が六・三制をスタート。また学校は変わっていく。子ども心にも「世の中をまっさらな気持ちで信じても、思い通りにはならない」というあきらめに似た思いを抱いたという。

大学を卒業後、外資系企業に一旦就職後、社会で女性の自立の必要を痛感し、実力をつけるために大学院で学び直す決心をされた。自分の判断基準が確立していないのではないかという懸念があり、自己の教育をやり直すという意味で「教育」という研究分野を選ばれたそうである。本当は「家庭教育」を専門にしたかったという。時代に先駆けていた先生のこと、次のトレンドは家庭教育になるのだろうか？

ローディ氏についても、レジスタンスにも通じるような言動を一致させて生きる姿勢を尊敬しているとおっしゃっていたが、そのローディ観は、私が田辺敬子という研究者に抱いた印象にも重なる。日常の中で自分の信念を貫く強さは、他の人の力になるのだと教えてくださった。長い年月をかけ田辺先生が残されたもの、それは混迷する日本の教育界が進む先を照らすべく、今も光を放っている。

注

(1) モンセラット・サルト『読書で遊ぼうアニマシオン』柏書房　一九九七年。
(2) マリオ・ローディ『わたしたちの小さな世界の問題』(田辺敬子訳) 晶文社　一九八八年。
(3) M. M. サルト『読書へのアニマシオン　75の作戦』(宇野和美訳) 柏書房　には75の作戦が紹介されている。
(4) Movimento di Cooperazione Educativa (MCE)＝教育協同運動。
(5) ジャンニ・ロダーリ『ファンタジーの文法』(窪田富男訳) 筑摩書房　一九七八年。
(6) 冒頭に「レッジョ・エミーリアにささぐ」とある。
(7) 邦題は前掲書『わたしたちの小さな世界の問題』。
(8) 本書収録論文「マリオ・ローディの一日：その教育実践の神秘」。
(9) マリオ・ローディ『こすずめチピのぼうけん』(佐藤智子訳) 福武書店　一九八九年。
(10) 本書収録論文「イタリア労働者の学習権と文化の民主的管理」。
(11) 本書収録論文「イタリア初等教育教科書と対抗文化運動」。

(甲州市立勝沼図書館司書)

第Ⅱ部　田辺敬子論文集

1
レッジョ・エミリアの保育

子どもの楽園を見つけた――レッジョ・エミリア市の幼児教育

イタリア北部の肥沃なポー平野に位置し、人口一三万のレッジョ・エミリア市は農業、工業（主として中小企業）が盛んで、平均所得が全国で四位という、イタリアでも特に豊かな都市だが、傑出した幼児教育の実践でも世界的に知られている。

第二次世界大戦直後、五日目にして、労働者、農民、女性同盟の女たちの力によって保育所を開設したという輝かしい歴史を持つレッジョ・エミリア市は現在三歳未満児の保育園一三（同年齢の三五％を収容）、三～六歳の幼児学校二〇（同年齢の四七％）の施設が同市によって運営されている。国立や私立も含めると就学前教育は同年齢の児童の九二％に達する。

目は壁を越えられるか

一九七〇年以降、特にレッジョ・エミリア市の幼児教育が注目されるようになったのは、そのユニークな仕事の組織力、教師の集団性、家庭と市民の協力、男子教職員の利用（一九六八年、国立幼児学校法では男子を除外している）、地域文化との組織的関わり、研修の形態（教職員のみならず、父母も参加）、理論的考察の様式、実験と研究の長期的取り組み、児童の人間形成における環境の重視といった特質によるものである。

一九八一年にレッジョ・エミリアについで、ストックホルムで開催されたこの地の幼児教育についての展覧会はたいへんな好評を博した。スウェーデンについで、ノルウェー、西独でも引き続き開催されて、評判を呼び、来年は米国でも開かれる予定だという。そこでまず、この展覧会を主催したレッジョ・エミリア市立幼児教育センター所長ローリス・マラグッチ氏による展覧会の解説から、同市の幼児教育の特徴を探ってみたい。（マラグッチ氏はすぐれた教育学的観点から市立三三の幼児教育施設の調整役を果たしている）

この展覧会には『目は壁を越えられるか（市立幼児学校の子どもたちの経験と提案）』という題目がついている。マラグッチ氏はその解説で第一に、社会における新しい文化的課題を見、理解する目が、子どもの人間的成長、発達の諸問題を要約する概念だとして、象徴的な意味をこめて、特に視覚―ヴィジョンとイメージ―に重要性を与えている。このテーマは一つの願いとしてまた一つの試みとしてかかげられているが、私はここにこの全市をあげての教育実践の持つ気宇の広さを見た思いがした。

第二に彼は、学び、認識し、理解する喜びは、子どもが一人で、あるいは同年齢の仲間やおとなたちとともに立ち向かう経験から得る最初の基本的な感覚の一つであり、そこには困難克服の努力が必要とされ、それが喜びに変わるのだと主張する。ここには、ともに遊び、仕事をし、話し合い、考え、発明する喜びを求める子どもとおとなの集団があり、自然や事物と人間の共存が

▶▼レッジョ・エミリア市の子どもたちの作品。
（展覧会のカタログから）

◀ちっちゃな芸術家たちがトーテム・ポールづくり。
（ラ・ヴィッレッタ幼児学校アトリエリスタ撮影）

ある。ここで、展開されている子どもたちとおとなのユニークな関わり方がどのような成果を上げているかは、具体的な事例を上げて後述するが、彼らは、子どもの人間形成の過程でその認識や文化的価値観の再構成に意欲的に取り組んでいるのである。

想像力や感情、表現力やコミュニケーション、協調性や創意工夫、芸術や科学など、さまざまな寄与の集中する場として、個性的な環境を設定し、それを常につくり変えていくダイナミックな実験がここでは行われている。そしてそこには、暗黙のうちに、子どもをそして人間をまるごと捉え直す試みによって充実感を得ること（マラグッチ氏の言葉を借りると「全的に感得する」こと）が生き生きとした幸せの状態であり、子どもにとってもおとなにとってもそれが必要であって、それを新しい世代に保障していくのだという決意が含まれている。

これは、保育を通じて幼児とともに体験する現代人のルネッサンスの努力に他ならないと思う。つまり、人類の持つ複数の表現手段の中で、話し言葉に依存しがちな従来の無気力な関係を変えていこうとするものなのである。子どもの五感の訓練と感受性を助長することによって、知的活動の統一的要素としてのイメージを言語以外の表現手段として積極的に活用する。そして、詩人、作家、音楽家、科学者としての子どものイメージを育み、子どもが言語も含めた全力で外界と交流するように助けることが、子どもを認識へと導く条件なのだ、とマラグッチ氏は説く。

ここでは選別とは対極の諸個人の自己の拡張を福祉（つまり幸せな状態）として認識し、子どもには自由（調べ、試み、まちがい、訂正する自由）が必要であり、おとなは自由と権限、好奇心とファンタジー（想像力）をもって子どもたちに認識の機会を提供し、彼らとともにその機会を構成していくことが重要だと主張している。

光と色彩のあふれる中で

実際にレッジョ・エミリアの保育園を訪れると、まず一歩園内に足を踏み入れるや否や、光と色彩にあふれたモダン・アートの展覧会場にでも入りこんだような錯覚をおぼえる。そこでは、明らかに子どもたちが主人公で、のびのびと、思い思いに遊び回ったり、何かに集中して熱心に取り組んでいる。一言で言えば、まさにその環境からも、子どもと教職員の明るい表情からも、子どもの楽園と呼ぶにもっともふさわしい情景が展開されているのだ。

どのような手段、方法によって、このような新しい教育実践が行われているのだろうか。

マラグッチ氏は、第一に子どもの環境権ということを条件として上げる。学校の環境や建築の形態・機能、空間のとり方といったものは、教師、子ども、そして家族にとっても合理的でなおかつのびのびと活動するのにもっとも適した機能的な質を持っているものでなければならない。

たとえば新設のアルコバレーノ（虹）保育園を例に上げると、園内には総ガラス張りの広々とした空間がとられており、中央に中庭を配している。子どもも教師も、どこにいても全体が見渡せる実に明るい環境である。玄関には教職員のスナップ写真とプロフィールが掲示されている。玄関のすぐ右手に食堂、台所、おむつ更衣室（先生にお尻を洗ってもらっている男の子がいた）、広間

（間仕切りによって自由に変動できる空間になっている）、そして遊具を配した遊びの空間・洗濯室・工作室・洗面所などが広間の周囲にぐるりと配置されている。全体にふんだんに緑を配し、ガラス窓には透明なカラーのコラージュを、天井（部分的に高低が自在な仕掛けがある）にはモビールがつるされている。（いずれも子どもたちの共同作品で、実にカラフルで楽しい）

昼寝の時間には窓のブラインドをおろす。子どもたちはそれぞれ自分で枕カバーや毛布を準備して、軽量のベッドで休む。

子どもたちは自分のマーク（名前や花や鳥などの絵）のついたシンプルな棚を利用している。そうした棚も間仕切りとして利用されている。壁は子どもの作品パネルに活用される。あちこちに何気なく配された遊具がまた楽しい。ゴムタイヤや長いホースがあるかと思えば、子どもが中に入って遊べるくらいの大きさの三角形の鏡張りの遊具があったりする（親の日曜大工によるもの。教師と親が共同で考案したというユニークなものである）。子どもたちはこうした遊具を使って次々と新しい遊びを生み出していくのだ。

ままごとコーナーのキッチンには実物のコーヒー沸かし器や電熱器、家庭にあるようなさまざまな形のガラスビンに入ったパスタも並んでいる。要するに、保育園は家庭の延長であり、社会生活の集中する広場なのだという考え方に立って、環境の整備がなされているのである。そして新しい考案や変化に柔軟に対応できるような配慮がある。（移動自由の間仕切りの壁など）

このアルコバレーノは最新の設備に恵まれた新設の保育園だが、古い建物を利用した保育園の場合も同様の考え方でさまざまに工夫がなされている。

さて、教育の場は園内だけに限られるわけではない。子どもたちはしばしば外に出かける。ある朝、子どもたちは市バスで市場の開かれる町の中央広場に出かけた。教会の前に昔からある石のライオンを見にいったのである。もちろん子どもたちは石のライオンに手でさわり、よじのぼってライオンの口に手を入れてみたり、いろいろな角度から近づき、スケッチをした。先生はスライドにライオンと子どもたちの姿をおさめる。園に帰ると、まずライオンとの出会いについてみんなで話し合う。次にはスライドでもう一度ライオンの石像のクローズアップを見て不明な点を確かめる。そして子どもたちはさっそくライオンの絵や粘土細工、陶版の製作にそれぞれ熱中し始めるのである。その作品があふれるばかりの個性を持った魅力的なものばかりなのには本当に驚かされる。まさに五感で捉えられ表現されているのである。

このような保育園の活動を支えているユニークな存在として、独特な役割を果たしているのがアトリエリスタ（アート・ディレクター）である。この職業はマラグッチ氏の創案になるもので美術専門学校の卒業者が担当する。子どもを直接指導すると同時に、他の教師（保母）たちとともに子どもの作品のディスプレイや過去の歩みの記録や新しい創作活動を考案したり、園全体の空間・環境づくりへの配慮などの役割を担っている。前述の展覧会を準備したのもアトリエリスタたちである。

「短いばら色の言葉を見つけた」

もう一つ具体的な例を上げてみたい。子どもたちは事物との出会いから実にさまざまな創造的な遊びを発見する。たとえば雨あがりの水たまり。これも、おとながそこに入って遊ぶことを禁じたりしなければ、素晴らしい教材になるのだ。鏡と違って逆さまに映る自分たちの姿に、子どもたちは異次元の認識を持つ。それを物語や詩にして言葉で表現したり、絵にしたりと、子どもたちの認識は目の前に突然現れる自然現象から、光と形、色のファンタジーに触発されてイメージが拡張していく。

物語遊びはもう一〇年以上も前にディアーナ幼児学校のジュリア・ノターリ先生が始めたものである。ノターリ先生が四歳児のクラスで物語遊びを始めたいきさつはこうだ。ノターリ先生は子どもたちに人形劇を見せたり、ピノッキオの話をしながら、子どもたちと自由な会話を楽しんでいる中で、しだいに子どもの言葉がしっかりしてきたことに気づき、子どもたちに自由に人形を操らせてみた。するとそこから子どもたち自身の人形芝居が自然に生まれてきた。それをもう一歩前に進めて、ある朝子どもたちに、これから毎朝どこにも書いてない物語を作って三〇分ずつ順番にお話しようと呼びかけたのである。まずおしゃべり好きの子が始め、とうとういちばん引っ込み思案の子まで、一週間で全員がこの新しい遊びに参加して、自分のお話を語った。「チャオという言葉」を使ってお話を作ってごらんという先生の示唆で生まれた五歳の子のお話。

〈ある子どもはよい言葉を全部忘れて、ウンチとかクソとか、クソッタレとか悪い言葉だけが残った。そこでおかあさんは、その子を長いヒゲのお医者さんにつれていった。お医者さんはその子に言った。「口をあけて、舌を出して、上を向いて、中を向いて、ほっぺたをふくらませてごらん」。

お医者さんは「よい言葉を探しに行かなくちゃいけない」と言った。子どもは最初にこんな言葉を見つけた（子どもは二〇センチくらいの長さを指で示す）。それは「うるさい」で、悪い言葉だ。それからこのくらい長い（五〇センチくらいを示す）のを見つけた。それは「勝手にしなさい」で、やっぱり悪い。それからばら色の短い言葉を見つけた。それは「チャオ」で、それをポケットにしまって、家に持って帰り、やさしい言葉を言えるようになり、よい子になった〉

このお話の間に聴衆の子どもたちが二度わりこんだ。一度は「悪い言葉」からの連想できたない言葉を子どもたちは次々に連発した。だがこれは話の展開の妨げにはならなかった。むしろ、ヤコブソンが言うように「選択の軸」が「組み合わせの軸」に投影されて、音（韻）が意味を、言葉の類推が隠喩を呼び起こすという創造的活動を助けることになった。二度目はお医者さんごっこ。これは話を中断させてしまったが、子どもたちの遊びはここで、常に恐れられる医者の姿をコミックに演出することによって心理的な負担を軽減するのに役立つと同時に、「舌を出しなさい」の変形を求めているうちに「中をごらん」という、予期しない驚異的な子どもの内面の発見につながるヴァリエーションを生み出す。そのうえ、このような遊び自体がすでに演劇の一

▲ガラスと鏡がふんだんに使われた明るい園内。

▶人形劇に熱中する子どもたち。瞳がキラキラ輝いて……。

◀三角形の中に鏡を張った遊具。

▶水たまりの中に子どもたちは異次元の世界を発見する。
（展覧会のカタログから▼）

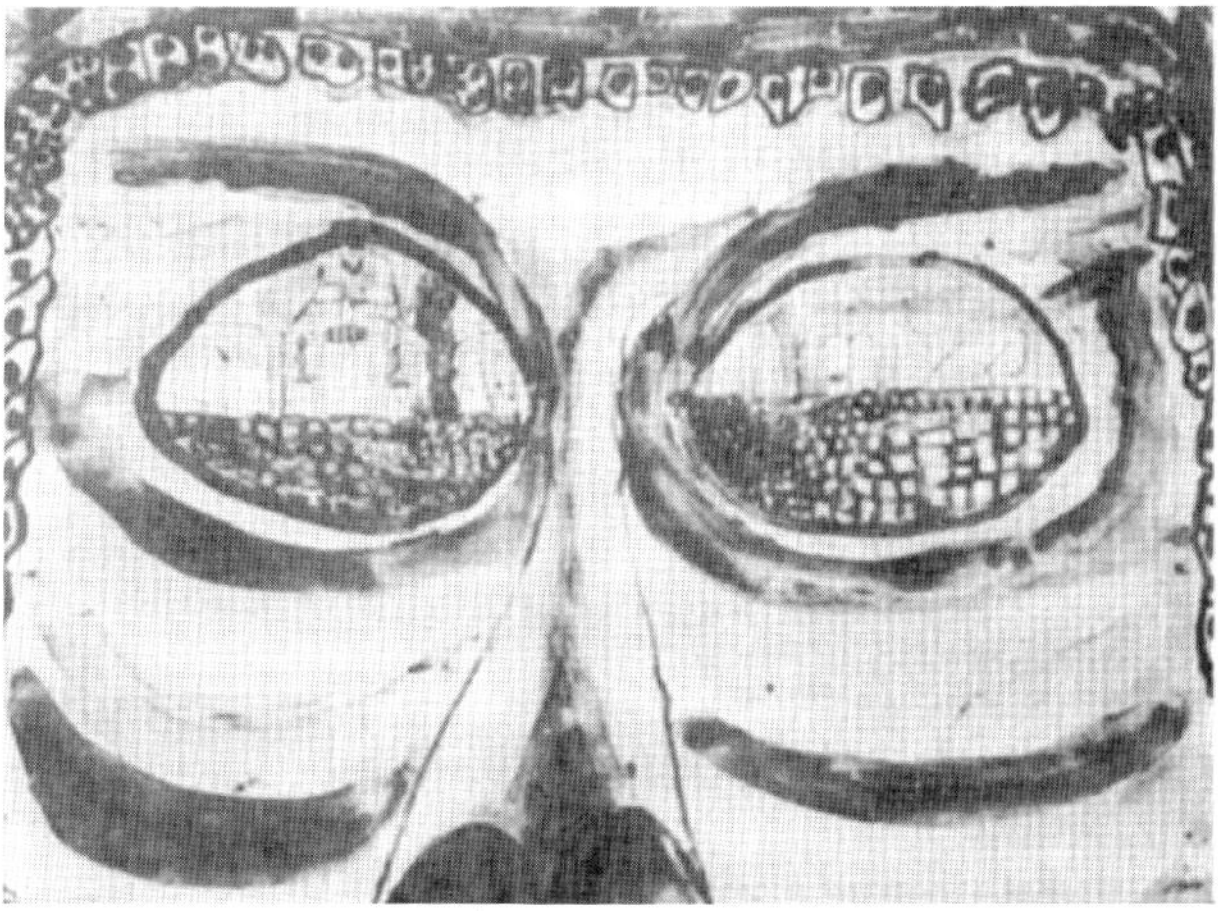

ライオンの瞳の中に街が映る、空が映る……。

コマとなっている。

子どもがお話をしている間、教師はそれを書き取っている。子どもは教師が何か書き忘れたり勝手に書き換えたりしていないかと、注意深くそれを見るのだが、そこから自然に文字への興味も呼びさまされることになる。それから子どもが自分のお話を大きな絵に表現する。こうして物語遊びはまた他の活動を触発していくのだ。

子どもと社会の総合的な成長をめざして

レッジョ・エミリアでは一九七一年三月に、教育協同運動（ＭＣＥ）のすぐれた教育理論家であり実践家であったブルーノ・チャーリの仕事を継承して、全国幼児教育会議が「新しい幼児教育の経験」というテーマで開催され、九〇〇人以上の教師が参加している。七二年には児童文学者のジャンニ・ロダーリを招いて、幼児教育から小・中学校の教師と子どものセミナーが行われた。前述の物語遊びも、このときロダーリによって保母さんたちに示唆されたものである。ロダーリはこのセミナーで、彼が長年あたためてきたファンタジーの理論のアイディアを実験し、翌年にはそれに基づいて『ファンタジーの文法』（邦訳は筑摩書房刊）を著している。七五年にはエミリア・ロマーニャ州が主催して、ボローニャで「家族と社会における権利の源泉・対象としての子ども」をテーマとする全国会議が開催され、古い体制、学校を改革するための討議が行われた。

このような歴史をふまえて、八〇年にはレッジョ・エミリアに全国の教育者や研究者を結集して、保育研究の全国グループが結成されている。

さて、具体的に保育園はどのように運営されているのだろうか。時間は午前八時から午後四時までだが、親から要望があれば午後七時まで延長される。月曜から金曜までで、土曜日は一三の乳幼児施設のうち一園のみが開かれている。教師の勤務時間は週三三時間にプラス三時間の集会となっている。三ヵ月から三歳未満までの子どもを収容するこれらの保育園は年齢によって四サイクルにグループ分けされている。

一方、三歳から六歳児の幼児学校は、各グループにつき三〇人の児童と二人の教師、それに一人のアトリエリスタで構成される。さらに調理人一人、補助職員（午前、午後各二人の清掃係）がいる。教師の勤務時間は週三六時間（三一時間プラス五時間の研修、運営、諸活動の準備時間）であり、当番で三通りの時差通勤がある。

カリキュラムは、二、三ヵ月単位で、たとえば「休暇、秋、クリスマス、雪、寒さ、カーニバル」などといった季節ごとのテーマをめぐって多角的に取り組まれる。教育単元は、おおまかには、心理学的側面（心理の解放、啓発）、言語表現、論理・数学的思考、スペース遊び、グラフィック活動などの領域に分かれている。

これほどすぐれた保育実践が、ある一つの保育園だけというのではなく全市を通じて実現されているというのは、実に驚くべきことである。マラグッチ氏の教育学的指導性、教師集団の力量、親や市民の協力、それからもう一つ忘れてならないことに、アトリエリスタとともに専門職としての調整相談役の存在がある。この専門職員は教育学専攻の大学卒業者で、各園には所属せず、市の幼児教育センターに直属している。各園を巡回し、教師（保母）たちの研修講座、セミナーを担当し、個々の子どもの事例から年間スケジュールまで、教師たちの相談に応じ、調整役を果たしている。このようなユニークな仕事の組織の仕方によって、レッジョ・エミリアの保育行政はめざましい効果をあげている。幼児とおとな（教師、親、市民、行政官）の共同による、異年齢間の人間の集団的取り組みによって、子どもと社会の総合的成長をめざす画期的な事業が進行しつつある。

幼児教育の段階でこんなことが実現できるのであるから、人間の世界の可能性はまだはかりしれない。

『世界の自由学校』麦秋社　一九八五年

レッジョ・エミリア市の保育——レッジョ　セミナーに参加して

レッジョとの出会い

私は、研究者として当初、イタリアの教育史を勉強しました。ルネッサンスの教育論を翻訳したり、新しい制度改革の動きを追って、たびたびイタリアに行っているうち、いろいろな現場を見せていただき、シンポジウムを体験し、様々な現場の方や研究者などとお知り合いになりました。その方々に「なぜレッジョに行かないのか」と言われたのがきっかけで、七〇年代にレッジョ・エミリアに行きはじめました。レッジョがまだ世界的には有名でなかった頃です。

資料「子どもの楽園をみつけた　レッジョ・エミリア市の幼児教育」は一九八五年のもので、当時私が現場を見て、資料をまとめたものです。最初の印象は「子どもの楽園を見つけた」というタイトルどおりで、ただただびっくり仰天しました。夢を見ているのではないか、いや夢でもこんなにきれいな夢は見られないと思われるほど、とにかく素晴らしいところでした。私は保育士さんたちにも「あなたたちは天国にすんでいるみたいね」と言ったくらいです。その当時からみなさんにお話する機会があればよかったのにと思います。残念なことに、私一人が声をあげても、注目されるにいたりませんでした。

一九九六年に久しぶりにまたレッジョ・エミリアに行ってきました。レッジョでセミナーが行われるという案内をいただき、参加するためです。

一九九一年、『ニューズウィーク』が世界中の学校を取り上げた中で、「ディアーナの幼児学校が世界一」という記事を載せました。それで、レッジョは急に有名になったのです。英語になるとたんにみなさんの目に触れるようになり、いろいろなところから見学の問い合わせがあったそうです。現場としては自分たちの経験を知ってもらい、さらに発展させたいという願いがあり、このセミナーが企画されたようです。

九六年夏のセミナーについて

セミナーは世界各地からの外国人対象に、とはいえおもな参加者はアメリカ人で、使用言語も英語あるいは英語通訳つきのイタリア語でした。丸々一週間行われました。

日曜夜のレセプションから始まり、土曜日のレセプションで終わるという非常にハードな一週間でした。レッジョの人たちはいかに良く働くかということを見せつけられた一週間だったわけです。時間厳守で進行したそのスケジュールを追うことで、一参加者の私の目から見たレッジョをお伝えし、その核心に迫ることができたらと思います。

日曜日
参加者があちこちから着いてホテルにチェックイン。夜、レセプションがあった。
月曜日
朝、八時一五分に市中央の劇場前に集合し、総勢二〇〇人が並んでの記念撮影が行われた。私はセミナーへ来る前にも仕事をやってから来て、疲れ果てていたので、ホテルにグズグズしていると「ケイコ！」と呼びに来られた。プロの写真屋さんが撮ってくれて、なんとか一枚の写真におさまった。あれはおそらくアメリカの人たちのアイディアだったのだろう。

月曜日のスケジュール
テーマ：レッジョ・エミリアのアプローチへのイントロダクション
① 八時四五分〜一〇時三〇分 講演「レッジョ・エミリアの歴史について」セルジオ・スパッジャーリ
② 一一時〜一三時 講演「レッジョ・エミリアの実践の起源について」ティツィアーナ・フィリッピーニ
③ 一三時〜一六時三〇分 フリータイム
④ 一七時〜一九時 講演「レッジョ・エミリアで考える児童観について」カルリナ・リナルディ

⑤一九時三〇分〜二〇時　　市長の歓迎の挨拶
⑥二〇時〜二一時三〇分　　夕食
⑦二一時三〇分〜二三時三〇分　夜の観光案内（希望者）

レッジョ誕生の歴史について

スパッジャーリは、市のディレクターで日本で言えば教育長にあたる。

彼が話したことは一園のことではなく、レッジョ・エミリア市というひとつの市で取り組んだことの報告である。それが行政的ではなく、教育的に行われており、市立の幼児教育、保育が素晴らしい組織で行われている。

一九六三年の市立幼児学校の誕生には大切な前史がある。レッジョはイタリアでも突出しており、他のイタリア人に聞いてもこれは現実ではないという言い方をするくらいである。どうしてそんなことができるのかといえば、レッジョでは労働運動が盛んで、女性が仕事をする率が以前から高く、レジスタンスでも婦人同盟などで頑張って仕事をしていたという歴史があったからである。戦争が終わって五日目に保育園がつくられた。それも市がつくったわけではない。親たちは戦後の復興のために家で子どもの面倒を見ているわけにはいかない、働かなければならなかった。子どもたちを預かってくれるところがなければ、安心して仕事ができないということから、母親たちが率先して保育園を戦後五日目にして作ったのだ。

ここは、レジスタンスが非常に激しかった地域だから戦争でめちゃめちゃに壊されてしまった。そんなところで、レッジョの仕事が実ったのは、セルジオ・スパッジャーリの前任者ローリス・マラグッツィの力が大きかった。彼がまだ若い小学校教師でこれから仕事をしようと思っていたときに、レッジョへ行き、母親たちの力に圧倒されて協力していくことになった。以前、アメリカでのインタビューでこう答えている。「ドイツ軍が引き上げていったあとにはタンク一台、馬六頭、三台のトラックが残った。それを資本にして学校を作った」。戦後の復興をしたいという思いと母親たちの要求─それがいつも原点にあるとのことだった。

そこから発展し、一九六三年に市立の幼児学校が誕生。この呼び名について、新しい指導要領では「スクオラ・マテルナ」となっている。フランス語では「エコール・マテルネル」。直訳すると「母親学校」。これでは母親のエプロンから出られないというイメージがあるので、レッジョの人たちは意識的に「スクオラ・デッリ・インファンツィア」、幼児の学校という言い方を正式名称にしている。

それから一九七一年に三歳までの保育園ができた。イタリアでは六〇年末より学生運動が盛んになり、七〇年代には労働運動が盛んになった。「暑い秋」といわれた六八年、六九年の頃からの学生運動が、学校の壁を越えて社会運動と連帯していく中で教育の民主化が大きな流れになってくる。その中で、民主的な運営、社会的な運営をどうしていくかということが討議の中心となり、それが七四年に学校評議会教育区評議会という形で法律にまとまっていった。幼児教育だけでなく、高等学校まですべてあわせて、中央集権的な形でなく、民主的な運営をどうしていくかということでまとめられたものであるが、そのことを真剣に考えて、レッジョの人たちはいち早く幼児教育の段階でも実践的に採り入れていったということだと思う。七〇年代から「親と一緒に」と言われていたのである。

教育協同運動との関わり

教育協同運動は、フレネの流れをくんで新教育をイタリアでも実践している人たちのグループである。フレネはフランスで実践しているもので、ご存知の方も多いと思うが、イタリアの人たちはフレネがフランスでやっていたことをそのまま踏襲するのではなく、消化して一歩進んで自分たちにあった形で発展させた。だから、イタリアの方がむしろ面白いことをやっているというのが、私の印象である。そういう中で七〇年代、マリオ・ローディが書いた小学校の実践記録がイタリアの教育界に及ぼした影響は大きく、私はその本「わたしたちの小さな世界の問題」を翻訳した。その実践を読むと、レッジョの幼児教育も教育の方法論には共通するものがあると思っている。

教育協同運動は小学校が中心だったが、レッジョの人たちは社会の動きを見逃さず、幼児教育のレベルでは積極的に採り入れようという姿勢で、七一年の教育会議の時、運動の中心人物の一人である小学校教師ブルーノ・チャーリを呼んで、教育協同運動実践について学んでいる。

教育協同運動の教育は、既成のテキストから入るのではなく、生活から出発し、学校の現場も子どもたちの生活の場としてとらえている。カリキュラムにしばられた教育ではない。例えば毎朝子どもたちが来ると、まず、一人一人に様子を聞くことから授業が始まっていく。子どもたちからいろいろなことを聞きながら、子どもたちの関心に合わせて、例えば「今日ツバメを見たよ」というと、他の子たちも「ぼくはタンポポを見たよ」というように話は始まっていく。それが授業の導入になっていて、自然に流れが出てきていろいろな勉強に入っていく。そういう生きた材料を使い、その場で料理して授業を作っていくというやり方である。料理に例えると、フランス料理はソースに味付けをして楽しみ、イタリア料理は素材を活かしていくというところがあると思うが、素材の味をできるだけ活かすということは、子どもたちを活かしていくということにもつながっていくと思う。そういうわけで、ブルーノ・チャーリや教育協同運動の刺激も大きく、幼児教育でレッジョの実践が七〇年代から目覚ましい動きをしていく。

国外への発展

一九七九年にスウェーデンの教育研究者のグループがレッジョへ行って交流しているが、その時私も参加した。このころから、レッジョの人たちが子どもたちの展覧会をやり、それが北欧の人たちを刺激したようである。言葉より視覚に訴える方が早いので、それを見て北欧や西ドイツ、他のヨーロッパ諸国へ広がっていった。「ハンドレッド・ランゲージ・オブ・チルドレン」(「子どもたちの１００のことば」）というタイトルで、子どもの多様な表現を表した展覧会がヨーロッパをまわり、また別にアメリカ版が英語版になって、ますます世界にひろまっていった。

一九九〇年にはレッジョ・エミリア市立の保育園の二十周年の国際集会が、「子どもの人権と教育」というテーマで行われ、私も日本の教育の実情を報告した。この集会にニューズウィークが注目して、レッジョの幼児教育は世界一という評価をしたのだ。

九四年にマラグッツィが亡くなった時はあとをどうするか、とても心配だったと思うが、彼らは、子どもの人権擁護と子どもの可能性をどうやって促進・援助していくかということを中心のテーマにしたインターナショナルセンター（レッジョ・チルドレンと呼んでいる）を作った。これは、レッジョの実践を世界に広めることと、それを通じての資金集めが目的に作られたものだ。レッジョの人たちは資金作りがとてもうまい。子どもたちの作品や自分たちの実践研究を出版物にしたり、バザーを行う。このセミナーでも、会場の前にはＴシャツや子どもたちの作品を絵ハガキにしたものなどがたくさん並んでいた。

というのは、彼らは実践にものすごくお金をかけているからである。とてもじゃないけど、たくさんの予算がなければできないと思われるようなことばかりだ。絵を描くといっても、クレヨンでちまちまと描くのではなく、ダイナミックに、壁面一面に共同作業で作ったりする。子どもの着ているものが汚れてもかまわないような、画家がキャンパスに向かうようなスタイルで大きな仕事をしていく。そんなことをやっているから、お金はいくらあっても足りない。こういうパンフレットを見ても、必ず広告が入っていたりすることにいつも感心してしまう。

セルジオ・スパッジャーリ教育長は、誕生の社会的な背景についても語った。教育学のワークショップという言い方をしている。そこでの実践は、最初にプランをたててそのとおりやるのではなく、試行錯誤しながら、アイディアが浮かんでくると即、実践するという形で進められる。だから、知識と学習の関係は、大人たちの持っている知識を子どもたちに伝達していくという形ではなく、知識を活かして子どもたちの学習に合わせて、大人も一緒に考えていくというスタイルがとられている。

保育園のことを「学校」と呼ぶことについて、知識的なものを先取りして早期教育を助長しているような印象を受けるかもしれないが、そうではない。子どもが小さい段階から、社会化のプロセスの中でその最初の学校と位置づけているので、学習という言葉もここでは全く違和感がない。「学習をどのように展開するか」……日本語でいうと堅苦しく聞こえるかもしれないが、彼らは普段そういう言葉で話をしている。システムとしての学校ということを意識して、そこで働く人々、あるいは学校の外との関係をどうやって作っていくかという話もあった。

子どもをどのようにとらえているか

カルリナ・リナルディの講演は、子どものイメージについての話であった。伝統的な学校観は「個性のない子ども」「個性のない学校」というイメージなのだが、そこをどう壊していくかという根本的な問題を提示している。「子どもとはいったい誰なのだろうか?」という言い方をしていた。

どんな子どもを想定するかによって、日常の実践は変わってくる。それは、即、自分たちに返ってくる。自分たちが力強い仕事をすれば、子どもたちは力強い発見をするようになる。パワフルな自分たちがあり、パワフルな子どもたちが生まれてくる。しかし、そういうふうに言う前に、子どもはすでにパワフルなのであって、それをちゃんとみていなければ、自分たちもパワフルになれない。そんなパワフルな子どもたちに学ぶ必要がある。それが教師たちの基本的な役割だ、ということだった。人によって見方も違うし、いろいろな児童観がある。自分が考えている児童観は、現実のひとつの解釈である。その解釈をすることによって、自分は責任を背負うというような責任のある見解でなければならない。つまり言行不一致ではないということ。「私たちが考える児童観は、強くて豊かで能力のある子どもたちである。創造的な価値観を持ち、自己建設の力があり、コミュニケーションの力のある、発達の可能な子どもとしてとらえている」ということだった。

知識は、自分がつくっていくと同時に共同でつくっていくものであり、教育と学習の関係、それから教師の役割もそういう中から自然に出てくる……社会的なものであると同時に個人的なものとしてとらえられている。言ったら実行しなければならない、言行一致でなければならないわけだから、この人たちとつきあっているとへとへとになってしまう。こちらはくたびれ果てているのに、まだディスカッションしたりする。「あなたはどうしてそんなにパワフルなの？」と聞くと、「私たち、少し狂ってるの」という返事が返ってくる。週末にはくずれおちているくらい、日常の実践をそこまでやっている。とにかくすごい。

子どもたちの無限の発達の可能性を信頼すれば、それを保障してあげる。大人たちがその障害になってはいけない。それを助けるためには、こちらもパワフルでなければやっていけない。子どもたちの基本的な人権を尊重しようとすると、当然、そういう仕事の仕方になっていくのである。

目ざす教育とは

スパッジャーリの話の中で、マラグッツィのことが出てきたが、マラグッツィが晩年心配していたことは、世界中の学校がまだ知識を伝達するというパターンから抜けていないのではないかということである。マラグッツィのことを話す中で、「教師たちは１００年も眠っている」という表現があったのだが、「教師も医者も、インターネットの時代になって、本当に一人一人の人権が尊重されるようなかたちで働かなければならないのではないかということを非常に懸念していた」という話があった。

児童文学をみても、〈弱い子ども〉〈できない子ども〉に対して、〈才能や力を持つ子ども〉という対置がされている。弱い子ども、できない子どもと簡単にいってしまうけれども、それはまわりが考え直すべきではないか。そうやって決めつけて考えるのは子どもに対する暴力であり、子どもの可能性を奪うことになる。子どもの持っている知性、能力を評価しなければならない。それを見つけられないのは、自分に見る目がないからだという見方をしている。

そして、子どもも自分たち自身も、その関係の中で仕事をしていることから、関係の教育学ということを言っていた。それが根本的に大切であって、協力ということの価値を再発見しなければならないということである。教育協同運動もそういう立場にたっている。教育協同運動では、教師はアニメーターという位置づけで、子どもが主体という言い方をするが、レッジョの人たちはそれを越えて「一緒になって」という気がする。だから、大げさに言うと、あそこでは、小さい大人と大きい子どもとで、みんなで一緒になって仕事をしているという感じがする。そこで、とにかく一生懸命、喧々諤々話をしながらやっている。

ただ、学ぶということは強要することはできない。子どもが主人公ということは絶対に揺るがないけれど、子どもが主人公だからといって、教師がいなくなるということではなく、子どもが自分でできるように子どもを助けることが教師の仕事だというわけだから、この点、教育協同運動も、あるいはモンテッソーリなども同じだと思う。そこで、子どもたちに各自孤立した仕事をさせるのではなく、協同でなにかをしていくというスタイルが特にレッジョ的と言える。

教育学は希望の学――基本的に楽観主義なのだろうか――それを基本に据えて、子どもから引き出すこと、そんな認識にたって、何かをつくっていくということは、模倣することではなく、新しいことに常に驚きをもつという感覚を大事にしていくことである。頭だけでなく、身体ごと学校に入ってきているということを忘れてはいけない。だから、居心地のいい学校をつくっていこう。それは子どもたちにとってだけでなく、そこで働く保育者にとっても居心地がよくなければならない。みんなにとって居心地のいい学校、喜びをもって仕事ができる場をつくっていこうと呼びかけていた。

また、教育の目的は、意識的に責任をもって生きるということを助けていくことだとも言っている。だから、自覚的に生きるということが基本にある。これには責任感というキリスト教的な伝統があるかと思う。ここは市立なのでキリスト教などは表に出さないが、私たちが行くと、責任感の強さはすごいものを感じる。個人的な選択に自分なりの理由を持つからには、それに責任をとる、そして、他者と結ばれているという自覚をもつということである。自然や人類など、そういうものを宇宙的な規模で見ていて、孤立しては何も成り立たないという倫理観が基礎にある。

イタリア的な美意識もある。それはアートだけでなく、やさしさや善良さ、人に対する思いやりやいたわり、それも含めて美的にとらえる――だから、空間も、美的に居心地のいいようにつくっていくというわけである。

「子どもは未来の市民」という言い方をするが、そうではなく、「子どもは今日の市民」であって、生まれたときから子どもの人権を保障するという環境を、行政的・政治的につくっていく。

イタリアでは一九九〇年小学校法で、幼児教育の教員は大学レベルの教員養成、小学校の教師は大学院卒ということが決められたが、法律と現実が違うのがまたイタリアの面白さだ。法律ができたからといって、そのとおりにはいかず、現実がついてこない。だからイタリアは遅れているかというと、そうではなく、そんなことを待っていられないと現場の方でさっさとやってしまうのである。子どもたちから学ぶので、現場の方が先行してしまう。

火曜日のスケジュール
テーマ：システムとしての学校
①八時三〇分～九時三〇分　フリータイム
②九時三〇分～一三時　講演「教育実践における組織の役割」カルリナ・リナルディ　ディスカッション
③一三時～一四時三〇分　ランチタイム
④一四時三〇分～十七時　講演「環境と教育のスペース」エレナ・ジャコビーニ　ディスカッション
⑤一八時三〇分～二三時三〇分　保育園見学

朝のフリータイムは毎週火曜日と木曜日は市がたつので散策を、というプログラムであった。なぜこんなプログラムがあるかというと、マラグッツィの「保育園も市場、交流の場なのだ」という考えからである。そうやっていろいろな人と出会って、コミュニケーションをとる市場散策タイムまで設定されていた。

学校という場について

リナルディの講演では「聞く場としての学校」について語られた。話すということはいいのだけれど、聞くということはおろそかになりがちである。ヒアリングということを大事にしていくことからすべては始まるのだという。学校は価値と意味の場であり、権利の場である。そういう教育のコンテクストの中で、いろいろな人の意見を聞きながら仕事をしていく、関係とコミュニケーションのシステムとしての学校ということだった。どうやって関係をつくり、どうやってコミュニケーションを育てていくのかということを組織していくのが教師の最初の仕事だ、ということが話の基本にあった。

後半は学校の一日をどうやって編成していくかということについて話があった。変わらないものと変化のあるもの、いつも同じものと変化をつけてやるもの——まず、子どもたちが、朝、到着して、今日は何をするかを各組に分かれて話しあって決める。その中から一日の生活が組織されていく。子どもたちの表現の中から大事なものをとりあげ、それをポイントにして実践に発展させていくというやり方である。

どんな環境をつくっていくか

エレナ・ジャコビーニによると、環境をどのようにデザインするかということが、すでにコミュニケーションであるという。教師と子ども、家族の三者で学校の内外の環境の関係をきちんととらえていく。気候や雰囲気なども含めてデザインし、生活空間そのものを、教育的なコミュニティとしての学校をつくっていく。全体として関係が織り込まれるような生活空間—コミュニケートして、それぞれの一人一人の違いを考慮した空間—をつくっていく、だから非常にキメが細かい。

もうひとつのポイントは「実践の記憶を残した空間」ということである。「今まで行われてきたことがそこで視覚的にも見えている空間」だから、よくスライドを使う。記録もきちんと残していく。なぜ記録を残すかというと、それをもとにして、どこがいいとか、悪いとか、検証の材料に使うからである。そんなスペースの中で、様々な活動が展開されるし、新しいものが生まれるチャンスも出てくるので、空間をアレンジするときも、それぞれのコンセプトの意味を考えながらやっていく。空間はその中で生活する人々にとって、働いたり学んだりする人間の関係をつくるのに適したものでなければならない。例えば光や建築上のことも含めて、人々との関係、大人と子どもとか、そういうことにも配慮したうえで空間をつくっていく。

その空間はどのようなものかといえば、「行ってみたい」という感じをもつようなところ、また刺激的であること。それに、新しい変化が可能なものでなければならない。固定されたものでは動きがとれない。いいアイディアがあれば、それに沿って即座に変えられるような、変化可能な空間をつくっていく。倫理的にもジェンダーや個人的な差異や個人間の関係も保障できるような空間をつくっていく。

その中で生活している人には当然葛藤が起きてくるが、葛藤は悪いものではなくよきものとして支持しているような空間、いろいろな表現ができるような空間、また、自然から出発して、子どもの可能性につなげていける日常の活動をドキュメントする活動をしやすいような空間をつくる。自分たちのつくっている物理的空間が、子どもの生活をサポートするものかどうかということを常に考えながらやっていき、高価でも、豊かな教材を配備する。鏡も上手に使っている。鏡は子どもがアイデンティティーを確立するときに大事な手段になるとのことだった。また、園の中だけでなく、戸外へ遠足に行ったりするときも父母や教師と刺激的な体験をしていく。そういうことまで含めた環境づくりだと。

保育園には中庭がある。ガラス張りで、壁がなくて中庭を通して向こう側でやっていることも見える。なおかつ、その中庭は広場というイメージになっている。その他にもエントランスのホールも広場という感覚でとらえられている。各組の部屋は閉鎖的な空間ではないので、コーナーと言いたくなってしまうが、年齢に即した各組のスペースがあり、各組のアトリエがある。また数学的な思考との出会いということでも配慮された空間になっていて、子どもの劇場もある。

一クラスは生徒二五人に教師一人が最低限の保障だが、いつもひとりではなく、複数の教師たちが仕事ができるような組み方をしている。

時間もいろいろな区切り方をしている。短いものから、長い時間をかけた実践へという流れをつくり、計画していく。学習しては修正し、時間をかけてやり直して、もっと計画性をもって仕事をしてみようと導く。

アトリエは、生活の基本的なスペースとして、贅沢な、メタフォリックな場ということで、大事にされていた。また、戸外も大事な仕事の場である。お天気がよければ外へ出て街のことを調べる。お散歩に出て、教会の前のライオンの像に触って、上ってみて身体で獲得していく。そんな体験をして帰ってきたら「今日は気持ちよかったね。何を見た？」と保育士たちと話をしながら、それが絵になったり、彫刻になったり、劇になったりと発展していく。プールもただ水に入るだけでなく、水全体が研究の対象になっていく、というようにいくらでも学ぶ材料があるので、レッジョのスタッフは常に忙しい。

保育園の見学

参加者二〇〇人が四つの班に分かれて見学する。夜なので子どもはいないが、各コーナーにあるモニターで日常の子どもの活動をビデオで流しっぱなしにしている中を見学した。そこに、その保育園の保育者、親たち、コーディネーターが来て歓迎してくれた。みんなが準備してくれた軽食をいただきながら、園の様子を聞いた。四班が四つの保育園を四日間で順番にまわり、みんながすべての園を見られるようになっていた。

火曜日に私が行ったのは、三歳～六歳の子が通うパブロ・ネルーダ幼児学校。保育の一日は、朝の集まりで、大きなプランと小さなプランを子どもと一緒に話し合い、午後の終わりには一日の反省をして、日誌をつけるという流れだ。日誌は教師が勝手に書くわけではなく、子どもたちの会話をメモして、子どもの解釈をそれに入れたものを毎日壁に貼り出し、子どもたちも見られるようにしている。

そういうふうに記録を大事にしていて、そうすることで子どもたちは自分たちのやったことを毎日認識していける。親も迎えに来た時に、それを見るとその日一日何をしたか一目瞭然である。親も、「こんなことをやっているなら家にあるこんなものが使える」と、家から新しい教材を持ち込む。家庭と日常的につながれていくつなぎ方だ。一週間のプランも壁に貼り出される。だから、壁を見ているうちに仕事が全部見えてくる。このように、子どもの日常をどんなに大事にしているかということが伝わってくる。

先ほど紹介したマリオ・ローディの著書『わたしたちの小さな世界の問題』の中にも日常の教育実践から生まれたお話がある。それは教師がつくったのではなく、教師が子どもたちと一緒になって作ったものだ。そのひとつが「チピ」という物語で、日本語では『こすずめチピのぼうけん』というタイトルで出版された。それを見たときに、私がすごくがっかりしたのは、日本の大人が絵をつけていたことだ。本当にぶちこわしである。イタリア版には、その教室で子どもたちが描いた挿絵があるのに、なぜそれを使わなかったのだろうか？　とてもナンセンスだ。

水曜日のスケジュール
テーマ：観察と計画
①講演「観察と計画について」カルリナ・リナルディ
②一〇時半～一二時　休憩とビデオ鑑賞とグループの話し合い
③一二時～一三時　全体で討論
④一三時～一六時半　ランチ、フリータイム・オプション
⑤一七時～一八時四五分　班に分かれ、ビデオ鑑賞
⑥一九時～二〇時半　保育園見学

観察から記録へ

カルリナより、観察と記録について語られた。聞くことの教育＝ヒアリングをどのように位置づけているのか――ヒアリングというと、受け身ととらえられがちだが、聞くということはアクティブな動詞である。まず、聞くことから始まる。聞き手と話し手、双方がお互いに修正しながら豊かにしていく、総合的な動詞であると位置づけている。観察、解釈、記録、評価がワンセッ

トになって、聞くということがある。聞いて、展望して、準備して、教師と子どもがともにより深く生き、分かち合い、心に計画を作っていく過程を計画と呼ぶ。

観察とは、そのように計画だてたことを実践していくことを観察することである。だから、観察には客観的な観点はなく、常に主観的なものである。観察は過程であると同時に、ひとつの解釈であるので、いろいろな解釈がある。解釈は常に部分的であって、他者を必要とする。聞いて、実践して観察したことを、目に見えるようにするのが記録であり、同時に文化を創造することである。記録が創造である。そういう意味でどういうものを使って実践するかということがメディアの重要性につながる。

そこで、仲間の役割が重要になる。経験を分かち合う複数の人間がいて、できることである。子どもたちは相互に関わりあって学びあう。自分の思っていたことと、人は違う解釈をして、また違う作品が生まれる、そういうことを見ながら新しい面を認識していくことになる。だから、計画はそういうダイナミックなプロセスであると同時に研究である。

子どもたちや大人、あるいは教師は、時にはいっしょに、時には別々に、巻き込んでいってみんなでプランをたてて仕事をしていく。だから、計画というものは、前もって作られた硬いカリキュラムではなく、どういう目標をたてて、どういう予測のもとにどういう行動をするかということをやっていくのが計画であり、ダイナミックなプロセスだ。

子どもは願いを持つということを前提にしていろいろな活動を展開している。子どもの学習過程に、個性が見られるはずだから、教師はそれを見逃さないように注意深く観察し、記録していくべきである。

観察と記録は教師の専門性の発展にとって最も効果的な手段である。ここまでくるには、長い歴史があって、様々な試行錯誤があり、次第にそのように思うようになった。

ただし、観察と解釈においては「自分はこう思う。絶対そうだ」と思った時、それを誇張してしまって、自分の解釈はそれしかないということになっては困る。過度な主体性の可能性については、常に解釈の中にはリスクを伴う。

だからこそ、問題解決にはグループで観察を行い、観察中には討論し意見を交換しあいながら複数の仮説をたて、異なった視点から解釈していくことが大切である。ビデオはこの目的に最も適うものなので、私たちはよくビデオを使う。何度も検討して見ることができるし、好きな時間に見ることができる。教材を検討する時間を与えてくれる。

観察についていては、最初は個別に観察し、あとで全教員で検討する。ひとりひとり、どのように観察したかについて意見を出し合い、同じものを見ても見方が違うのだと新しい発見がある。そして、それぞれに修正し合っていく。見解の相違や葛藤もあるわけだが、どのあたりで折り合い、次の計画に結び付けていくかということも含めて、常に闘争的に、頑張って頑張ってやっている。

観察と記録を実践に活かす

粘土工作については、学年のはじめに研究プロジェクトができて、いろいろ討論された上で始められたものである。粘土工作をする子どものビデオ映像は、粘土工作の戦略を観察する狙いで撮影された。ビデオに出てきた子どもは、ドメニコくん（五歳五か月）とフィリッポくん（五歳六か月）という二人の男の子。ドメニコは父が警官、母が小学校教師で小学生の姉がいる。いつも自然に振る舞い、何かしら仕事をしている子である。仲間と遊ぶ時も、リーダーシップをとることができ、仲間からも好かれている。言うことを即座に行動に移せるような子ども。

フィリッポの父の仕事は農業、母は事務員で、彼は一人っ子である。言葉は発達していて、注意深く細部まで観察する。作るというより、観察者になるタイプ。丁寧で感受性も豊かなので、女の子にも好かれている。はにかみ屋だったが、今は克服。両手使いだったのが今は左利きである。親がかまいすぎて、子どもに先立って問題を解決してしまうような面がある。手はあまり使わず、目と耳はよく使う――このようなインフォメーションが書かれたものを見て、ビデオを見た。

この二人の子がアトリエに呼ばれた。マラグッツィとアトリエリスタ、先生が、子どもたちにビデオを撮ることの許可を得てから撮影が始まった。まず粘土で馬を作る提案をするのだが、その前に馬についての情報を与える。写真入りの馬の本を見たり、いろいろ見せる。それを見ながら、子どもがコメントする。そして本を閉じて「じゃあ、馬ってどんなの？」と聞くと、子どもたちは過去の経験や本から得たものを合わせて答えようとする。町中なので、馬に出会うこともなかなかないから、見せたということもあるが、子どもに馬のイメージをあきらかにする試みとして、まず導入として言葉で「馬って何？」と聞いていく。子どもたちは、言葉を発しながら自分でイメージをつくっていく。その馬の輪郭を描いていく。言葉にすることによって、見た記憶が定着する。よく見ていると、よく記憶できるので、そのようにして導入する。記憶というのは、その対象を記憶するだけでなく、記憶するにはエネルギーも必要だという。そういうことで、すべてが意識的に取り組まれているという感じがする。

写真を見ているときは、フィリッポは馬についてよく知っていて知識はあるのだけれど、ドメニコのほうが先にいろいろなことに踏み出すというのだろうか。それをフィリッポが細部を追加していく。

「馬ってどんなの？」と聞くと、ドメニコは「馬って背が高いよ」。フィリッポは「だけど象ほどじゃないよ。キリンみたいに首も長くない」というような感じで補足していく。今度は馬と人との比較をすると

ドメニコ「馬は背骨があって、人間と同じように心臓があるんだよ」
フィリッポ「おんなじみたいだけど、馬は動物だよ」
ドメニコ「馬は毛があるから人間じゃないよ。馬はズボンをはかないし」

フィリッポ「そんなこと、誰でも知ってるよ」
ドメニコ「ぼくたちは蹄を持ってないよ」
話はあちこちとびながらも、そういう表現があって、馬全体をきちんと定義できるところまで話はいかないのだが、馬を作ろうということで、そこから粘土づくりが始まる。
馬を作りなさいというと、ドメニコは「ぼくは走る馬を作るんだ」フィリッポは「ぼくは草を食べるところ」といって始める。最初に本を見るところから、作業ができるまでが五〇分、そのうち四〇分撮影したものを一七分に編集したものだった。それでも長いが、あまり短くしすぎると、プロセスが正確に伝わらなくなるということで、その長さで編集してある。このビデオを見て、今度は私たちがコメントし、ディスカッションした。

アルコバレーノ保育園

この保育園では、「親との出会い」ということで、たくさんの親たちが私たちを待っていてくれて話し合いをした。最初に市会議員の話があった。自分は一九五六年から市議会議員として出発して保育を公的施設にする闘争をやってきたという話をした。

「親との出会い」の第一のテーマは親の参加の歴史で、第二のテーマは保育園の特徴をどのように作っていくのかということだった。

保育園では折々に写真を撮っており、園での仲間との生活について、それぞれ個人のアルバムを作っている。お金がかかるが、親に話をして別に集金をしている。学年の終わりにはそのアルバムを持って帰り、例えば夏休みのような長い休みに親と一緒にそのアルバムを繰り返しながめていろいろ話をする。園と家庭のつなぎとしてこのアルバムが役にたっている。親からは「子どもがそういうものを持ってかえってくるから、それを見ていろいろな話をします」という発言があった。

「親との出会い」第三のテーマは、信頼と希望ということ。どのように園を信頼し、これからの生活に希望をもって臨んでいくかということで、そのテーマで話されたことは、来年度新設予定の園が他にもあり、そのひとつは親の自主運営ということだ。もうひとつは市立の幼児学校で、自主運営のほうは授業料は少し高めになるけれど、市の協力を得てやっていくということだった。

そういうことができるようになったのも、財政的な面でも貢献していけるように、レッジョ・チルドレンという組織ができたからである。こういうセミナーの参加料も結構高い。授業料の話も出た。自主運営のほうは少し高いけれども、市立の幼児学校は親の負担は月額一八万～二二万リラ（一二、〇〇〇～一五、〇〇〇円）。市立だから安い。三歳までの方は二一、〇〇〇円から四一、〇〇〇円まで親の収入によって違う。

信頼と希望のテーマでもうひとつ話題になったのは、小学校に上がった時の親のギャップについて話がされた。子どもたちはそれなりに適合していくのだけれど、親の方がショックが大きいという話もあった。親の側からはいろいろな話が出た。保育園を大家族として、ひとつのファミリーとして受け止めているという話があった。また、この保育園に子どもを入れて、子どもをよりよく理解するのにとても役立ったということも出た。家庭の中だけでなく、保育園を通じて、仲間や社会的な広がりの中で子どもをとらえられた、ということだと思う。親のネットワーク、仲間づくりに役立ったという意見もあった。

外国人の親たちもいる。レッジョはイタリアの中でも、経済的・文化的に豊かな地域である。古代ローマの遺跡があり、昔から都市として発展していたところで、長い歴史がある。しかし、女性が外で仕事をしている率が、イタリアの他の地域に比べて高い。だから、南部やナポリからの移住者が結構多く、外国人もいる。保育園でもイタリア人と結婚したポーランド人のお母さんもいたし、夫婦ともフランス人という親もいた。そういう外国人の親たちがどうやって溶け込んでいったかという話もあった。

木曜日のスケジュール

テーマ：家族の参加（前夜のミーティングを受けて）

①八時四五分～九時四五分　講演「保育園における親の参加」パオラ・カリアリ

②九時四五分～一〇時四五分　アメリカの実践レポート

③一一時一五分～四五分　レポートを受けてディスカッション

④一一時四五分～一三時　講演「レッジョ・エミリアの家族」サンドラ・ピッチニーニ

⑤一三時～一九時　講演「ファミリーセンターについて」マリア・ノターリ
　　　　　　　　　フリータイム（オプションで観光地見学等）
⑥一九時三〇分～二三時三〇分　保育園見学

保育園への親の参加

講演者のパオラ・カリアリはペダゴジスタ。ペダゴジスタとは大学で教育学を専攻してきた人たちで、いくつかの園を受け持って行政的・技術的・また教育的・社会的・政治的要素についてコーディネートをする役割を担っている。カリアリより、レッジョ・エミリアの保育園での親の参加について話があった。

まず、親が参加するようになった歴史的背景について説明があった。最初にお話したように、早い時期から親の参加があり、むしろ親が主導権をとって保育園ができていったという経緯があるので、意図的な働きかけをしてこちらからつくっていく以前に受け皿があったのだと思われる。もうひとつ実践の中でできてきた「共同責任」という概念が大事で、親と家族、教師と子どもという三者の関係についての話がされた。親と家族のイメージについて、親に信頼される保育園ということで、信用の問題、そして親の選択の可能性についても話された。

教育のプロセスの主体は三者である。子どもも教師も家族も主人公なのだ。学校側がそれを認識して、尊重していかなければならないということ、そして三つの参加権──生物的・社会的・文化的参加権について話された。生物的な参加権というのは、自分の子どもであるということ。社会的な参加権というのは七〇年代のイタリアの保育だけでなく教育全体、あるいは社会全体に労働運動のなかでも労働者も経営に参加するというようなことが言われたが、そのような社会的背景をもった参加権、そして文化的な参加権、この三つの参加権ということである。

学校側はいかにしてその参加を育成していくのかについてスライドで記録を見せながら説明した。子どもの諸活動のスライドを撮って、子どもによるデモンストレーションとして子どもに説明してもらう。こんなことをやったということを、親との出会いの場で見る。親はそれを見るうちに、何かつくってやろうという気持ちに自然になってくる。だから必要な用具を親が学校に来て子どもと一緒に作ったりする。環境整備や維持に関してはそういう理解の求め方をしている。

ワークショップを共同で行ったり、手作業を通じて親もいろいろ学習していく。親と一緒にメニューをたてて食事を用意するとかすると費用がかかるが、それはボランティアでやるなどしていろいろな形で経費を捻出している。

これを実行していくのは運営委員会である。一九七四年にできた学校運営評議会の法律の中で、教育の各段階でこれを組織するように規定されている。保育のレベルでは取り組みが早かったようだ。レッジョだけでなく、トスカーナでもやっていたし、トリノなど北でもやっていた。保育園では幼稚園と違って、親たちが階層的な面からいっても労働運動などに関心が高く、自覚の高い人たちが多い。中でもレッジョは先進的な実践をしているところだ。

運営委員会にはいろいろな集まりがあり、市の行政の人たちも巻き込んだミーティングや外国の見学者とのミーティングもある。そのことは、親にとっても、自分たちの保育は世界中から関心を持たれているのだと、誇りにも自信にもなる。見学者が行くことも、保育時間ではなく夜に設定することもあり、親が参加することの意味をあらためて考えるよい機会になっている。

親と教師のミーティングにもいろいろなパターンがある。全体の集まりもあれば、年齢の組ごとに集まる場合もある。子どもが一緒の時もある。親たちが演劇をすることもある。私が以前訪問した時も、「緑の週間」というのがあって園児・親・教師が一緒に参加していた。

レッジョ・エミリアの家族

レッジョ・エミリアの家族について講演したピッチニーニはレッジョの教育長。レッジョの社会的な背景から説明があった。人口は一三万人。農業から次第に工業化されていった。中小企業が中心で従業員が一二〜一四人規模のところが多い。レッジョの企業の特徴は自治能力が高いということで、都市としても企業としても自治能力が高い。働く女性が多く、家族は保育園という選択をする。そこに移民労働者が外国から来るようになった。北アフリカやいろいろな所から外国人がやってくるので、人口も変化しているし、家族構成や家族の行動様式もだんだん変わってきているという話があった。

イタリア全体では女性の働く率は三〇パーセント、レッジョの場合は三六・二パーセント（九五年現在)。レッジョ・エミリアを含むエミリア・ロマーニャ州全体で、女性の働く割合は三七・一パーセントなので、女性の労働率は高いところである。女性が外で働くと祖父母の役割も出てくる。

イタリアでは結婚率が下がり、結婚せずに子どもを持つ人が七〇年代から増えている。私が七四年に行ったとき、ちょうど離婚法のレファレンダムをやっていた。離婚法ができたのだが、家庭の崩壊につながるということで、カトリックの人たちの猛反対があり、廃案に持ち込もうという動きがあった。その頃は私も若かったので、あちこちに首をつっこんでみんなが投票するようにと、いろいろな集会に行ったり、動いたことがある。そういうわけで、だんだん女の人たちが権利を主張して、未婚の母が出てきたのもこの頃である。

一九八二年、子ども二人に対して大人が三人だったのが、その後子ども一人に大人が三人という割合に変化しているという。

レッジョのファミリーセンター

ファミリーセンターで働くマリア・ノターリがその経験を語った。ファミリーセンターは、社会の変化を受けてつくられたものである。親が子どもをどう育ててよいかわからなくなってきているので、親を育てるカウンセリングサービスのほか、外国から来た女性たちに様々な支援も行っている。センターで行っているベビーシッターのサービスは一五人の外国人女性が担っているという。そこで、ボランティアとしてイタリア人の親たちを巻き込み、交流を図っていく。そこで、どのような生活の質を保障するか、どうやって共存していくかどのような思想や価値観を分かち合っていくかなどを話し合う場にもなっている。

イタリアでは障がい者の統合をしてから二〇年という歴史があり、保育園にも障がい児が入ってきている。普通の社会の場として学校が障がい児を受け入れている。労働の場でも一八歳以上は学校にいるわけにはいかないので、協同組合みたいなところで働く場所を準備している。仕事としては農業、花づくり等に障がい者を組み込んでいっているということだった。

金曜日のスケジュール

テーマ：子どもたちの表現活動

①八時三〇分～九時三〇分　市場の散策

②九時三〇分～一〇時四五分　講演「子どもとアート」ヴェア・ヴェッキ

③一一時～一二時　グループ　ディスカッション

④一二時一五分～一三時　全体でディスカッション

⑤一三時～一六時三〇分　フリータイム

⑥一七時～一八時四五分　班に分かれてビデオ鑑賞

⑦一九時～二〇時三〇分　保育園訪問

⑧二一時三〇分～二二時三〇分　ローリス・マラグッツィについてのビデオ鑑賞

アトリエと創造性について

ディアーナ幼児学校のアトリエリスタのリーダーであるヴェッキは「子どもとアート」について講演をした。アトリエでする仕事は、まず対象を知って理解して、材料を発見して、聞いて参加していくというプロセスをたどる。その点、子どもも大人の芸術家のやっていることもそんなに変わらない。合理的な思考をするのは経験を積んだ大人だが、そういう材料は大人が提供し、子どもにはできるだけ、活用するようなかたちで表現の機会を提供することが学校の役割である。学校の環境そのものが美的なコンテナとして、不思議という感覚、驚きの感覚、発見をできるような環境をつくっていく。影絵などを例にあげて、表現過程をサポートして創造力をどうやって育てていくかという話があった。

教育方法は二つある。ひとつは大人から出発して伝達していくパターンと子どもから出発していくパターン。ここで「子どもから出発する」ということには、大人が聞くという作業が入ってくる。だからヒアリングが大切になる。

それから、非象形的な探究、形のないものについての探究をどうしていくのか。このような作業は小さなグループ—四人ぐらいが動きやすい—に分かれて仕事をする。それも全部四人でやるのではなく、二、三人のグループもあれば、一人でやりたい子には一人で静かにやらせるとか、柔軟に対応している。

最後に、新しい世代の創造性の開発に向けて、学校と大人の側の倫理的な責任ということに話が及んだ。私たち参加者は、三歳の女の子が描いたひとつの対象を表現した三つの作品―デッサン、粘土作品、絵の具で描いた絵を比較して解釈するというディスカッションを行った。なぜこんなことをするのかというと、子どもは毎日たくさんの作品を生み出しているけれど、それがそのまま置き去りになっている場合が多いからである。毎日こんなふうに、子どもはいろいろな表現をしているのだけれど、それを特に注意して見ていないので、そういう作品を生み出した子どもをよく見る機会を見逃している。だからこれを比較して解釈してみてくださいというわけだった。

視覚に訴える仕事を目に見える形で子どもが出している。言葉という表現手段ではなく、目に見える形で生み出した作品を見て、それを作った子どもをより深く理解する、感受性を持って理解する。そういうことは、子どもにアプローチするのに優れた練習になるので、こういうことはしばしばやってみるべきだ。それで探究能力を開発して、子どもたちとより密接な関係を作っていくのに役に立つ、ということだった。

学校では子どもは工作をしたり、いろいろなことを認識して、様々な形でそれを表現しているのだけれど、その可能性をできるだけいつも探検することができるように、子どもが多くの教材に接するような環境をつくるべきだ。子どもが教材と相対して、お互いに出会って、そして聞いて、対話をする。教師と子どもの関係も、そのような子どもと教材の関係のように積極的に対話をして、教師が教材と出会って耳を傾けて対話をするとき、初めて重要な過程の源泉が得られる。子どもに特定の媒体を提供する前に、私たちは教材の特徴や限界、それによってもたらされるタイプを言葉にしてみる。そういうものをアイデンティティー・プロフィールと呼んでいる。

私たち参加者にも、線画とテンペラ画の作品を見て、短いアイデンティティー・プロフィールを作るよう提案された。そのあとで、この二つのメディアによって提供される可能性が、その効力を発揮するためにどんな教材、道具が学校にあればよいかをリストアップした。

また性別の問題についても語られた。私たちはそういう作品を見るとき、男の子と女の子に知らず知らずのうちに区別しているのだけれど、グラフィックや絵、その他の表現の展開について、両性の差異と類似性を観察して記録し、興味深い考察の対象にしているということだった。

土曜日のスケジュール

テーマ：世界におけるレッジョのアプローチ

①実践報告「アメリカでどのようにレッジョが受け入れられたか」

②一一時一五分〜一二時一五分　実践報告「ブリュッセルのレッジョ・アプローチ」

③一四時三〇分〜一六時三〇分　パネルディスカッション「レッジョ・アプローチと小学校の関係」

④一六時三〇分～一七時三〇分　グループ討論　～一週間の評価について
⑤一七時三〇分～一八時三〇分　全体討論
⑥二〇時三〇分～　ディナーパーティ

レッジョ・アプローチと小学校の関わり

午後は、今まで登場した人たちと小中学校の先生がパネラーとなり、レッジョ・アプローチと学校の関係についてパネル・ディスカッションが行われた。イタリアの教育制度は、各段階に対話、継続性がなく、まだ新世代の教育にグローバルな見通しができていないということだった。小学校では子どもの能力を評価をどう実践しているか、や今までの教育に変化をつけるのに大変苦労しているという話があった。教科の違う教師たちは、教科については協力できるけれど、生徒についての協力は難しいという話もあった。子どもに聞いてみると、「小学校のほうが学ぶことが少ない。先生は黒板に書いて、生徒はそれを書くだけ」と言う。ディアーナ幼児学校では、ディアーナの子どもと小学生とで、文通をさせている。私も慶応の志木校で、高校生とイタリアの小学生とで文通させた経験がある。そんなに年齢が違うとできないと思われるかもしれないが、結構楽しくできた。ディアーナでは、翌年小学校に上がる五歳児と翌年中学生になる小学校五年生で文通していた。ディアーナの子どもは自分たちの心配は、小学校五年生が中学校へ行くのを心配しているのと同じということがわかってくるそうだ。

レッジョでも、小学校は保育園とは異なったペースで動いている。熱心な教師がいて努力しているけれども、そうでないところは昔のままである。もっと親も小学校などへ参加していくことが必要ではないかという話もあった。

最終日の夜は、サンプロスペロ広場でディナーパーティが催された。この広場はたくさんの子どもの作品が生まれた場所でもある。市の取り組みだからできることだろうが、普通の広場で一般の人を締め出し、通行禁止にして、私たち二〇〇人が集まった。回廊には参加者の国旗がずらりと並べられていた。

終わりに

今日はみなさんに何をお話したらいいのか悩みましたが、みなさんを「研修の中の研修」にお連れしたらいいのではないかと考えて、こういう展開にしました。レッジョの場合はイタリアの中でも特例的、先進的な実践で、イタリア全体がこうだというわけでは決してありません。同じレッジョでも、小学校は先ほどお話したように悩みが深いのです。ネルーダ幼児学校で園庭の外にいたおじいさんに聞いたら、入園希望者が多くて自分の孫は入れなかったそうです。母親は働いているけれど、祖父母がいるので入園させてもらえず、「ここはとてもいいですよね。」と羨ましそうにしていました。同じレッジョ市内でもいろいろ条件が違うということです。イタリアの保育士さんがよそから来るとレッジョを見てびっくりするくらいですから、イタリア国内でも保育事情はバラバラです。

人間の力は無限の可能性があると同時に、一人ではどうしても弱いのです。レッジョの人たちは、みんなで協力して知恵を出して、そして、頭でわかったことと身体はバラバラではなく、「これがいい」と思ったら、それをできるだけ実現するように、本当にパワー全開で日常取り組んでいます。

責任という日本語は難しくてよくわからないのですが、レスポンスビリティという英語はわかりやすいですよね。わかった人は反応するということです。マラグッツィは、死ぬまで子どものままの心で頑張って、自分がリーダーだという言い方はしていません。仲間と一緒になって最後までやった。でも、あの人がいなかったら、このレッジョがなかったということは、みんなが認めています。そのパワーの源泉であり、プロモーターであり、アイディアを作っていった人です。

社会的な背景や理論的な取り組みなど、いろいろなことをお伝えしていかなければと思うのですが、それは日本の現実を知ってはじめてできることですから、どうぞ私をあちこちの場に引き出してください。現場ともっと密接につながって仕事がしたいと思っていますので、どうぞ私を引っ張り出し、受け入れてくださるようお願いします。

一九九七年全国私立保育連盟主催　保育総合研修会講座における田辺敬子の講演内容を記録を基に編集

2

ローディの方法

マリオ・ローディの一日――その教育実践の神秘

はじめに

本紀要『人文学報』第一一三号（昭和五一年三月）に「サルデーニャへの旅――MCEの教師たちを訪ねて――」という一文を書いて以来、教育協同運動についての研究に本格的に取り組めないままになっている。ここに教育協同運動のマリオ・ローディ Mario Lodi の実践の一端を検討することからはじめたい。

マリオ・ローディは一九二二年ポー平原のピアデナのボーに生まれ、一九四〇年から教職に就いている。フランスの教育者フレネ Freinet の方法論に示唆を得て、協同に基づく組織的教育学を築いてきたイタリアの教師グループ、教育協同運動MCEの一員である。彼は一九六三年に《C'è speranza se questo accade al Vho》（『もしこれがボーにおこるなら希望がある』）という題で一九五一年から六二年までの小学校の教育実践日誌を Edizioni Avanti! 社から出版した時には、まだ殆んど省みられなかったが、次に、一九六四～六九年の教育実践日誌《Il paese sbagliato》（『まちがえた村』）を一九七〇年に Einaudi 社から出して一躍有名となった。この本は一九六七年に出版されたドン・ミラーニのバルビアナ学校の子どもたちの書いた《Lettera a una professoressa》（バルビアナ学校著拙訳『イタリアの学校変革論―落第生から女教師への手紙―』明治図書一九七九年）にならぶ評判を得た。

その後、彼は一九七二〜七三年度のボー小学校五年生の学級新聞《Insieme》（『いっしょに』）をエイナウディ社から一九七四年に出版し、また一九七三〜七八年のボー小学校一年〜五年生の学級新聞《Il mondo》（『世界』）をラテルツァ社から五巻に収録して出版している。その他に多くの児童文学を創作している。

ここでは、マリオ・ローディの仕事を検討するにあたって、まず、フレネ教育学とイタリアの教育協同運動の相異点に留意しておきたい。それから、主として『まちがえた村』の教育実践録を中心に、ローディの仕事がどのように展開されるかを検討し、その仕事の意味について考えてみたい。

教育協同運動（MCE）

教育協同運動 Movimento di Cooperazione Educativa は一九五一年に学校印刷協同組合 Cooperativa della Tipografia a Scuola（CTS）の名で、少数の教師たちのイニシァティヴによって発足した。ジュゼッペ・タマニーニ Giuseppe Tamagnini のまわりに集まった小学校教師たちが当時イタリアでは知られていなかったフランスの教育学者フレネの技術[1]を導入し、とくに、印刷と学校間通信を中心に実験を試みた。そして、次第に自由作文、学習計画、生きた計算のような基本的技術が明確化され、図画やグラフによる表現活動も盛んに行なわれた。彼らはフランスとは多くの点で非常に異なった文化的風土の中で、フレネ技術が有効かどうかを立証すべく、教室での実践ばかりでなく、CTSの年次集会や月刊誌 Cooperazione Educativa（『教育協同《コオペラツィオーネ・エドゥカティヴァ》』）を通じても相互交流を深めた。

　実験の結果は小学校一年生の教室や歴史、地理、理科にも拡がり、フレネ技術がイタリアでも有効なことが認められたが、彼らは決して、フランスでのモデルをそっくりそのまま踏襲するようなことはしなかった。「様々な技術を統一する要素は協同の中に見出され、それは言葉をかえれば討議の習慣ということであり、おそらく、これが、イタリアの運動の最も特徴的な要素であろう」[2]（傍点引用者）とアルド・ペッティーニは『セレスタン・フレネとその技術』という著書の中で云っている。

　新聞、学校間通信、研究、調査などのフレネ技術は若干の教師によって中学校にも導入され、特に師範高校で積極的な成果が得られた。イタリアにおけるフレネ技術の実験の第一段階は一九五五年にサン・マリーノで開かれたCTS会議でおわり、新しい段階に入った教育協同運動は言語や図画による表現、環境との関係など、基礎技術から生じた若干のテーマの追求によって特徴づけられている。

「MCEはフレネのオリジナルな精神には忠実でありながら、フランスの運動の発展に忠実に従うのではなく、また、狭い意味のフレネの正当性によって特徴づけられるのではなく、むしろ、イタリア人によって理解された、永続的研究あらゆる教授学的教条主義の拒否、批判精神としてのフレネ精神に応じたイタリアの道を追求している。……今やMCEの教育研究は様々な学科の専門家や心理学者、認識論者らの助力で行なわれて、数学、理科、言語、歴史の諸分野にわたっている。それはグループ・ワークや講座、会議、『コオペラツィオーネ・エドゥカティヴァ』誌の論文を通じて展開されている。(3)

また、フィオレンツォ・アルフィエーリは小学校と教育協同運動の一〇年間の経験から、激動期の証人としての反省をこめて書いた『教師の職業』(一九七四年)の中で、フランスの運動との相異を、こちらでは慎重、収集、仲間づきあいが作風になっているが、むこうでは、肯定、効果、進歩の基礎的図式性が作風となっている、という。フランスの運動には、フレネというガイドがあり、他の人々の協力は実際には、単なる再生産であり、共に創造するという考え方は存在しなかった、(4)として、イタリアの運動家たちはフランスの運動が性急に教材を生産する産業になりつつあることを危惧して、フレネ技術に忠実さを要求されることに反発した。

MCEのタマニーニ会長はイタリアの運動がフレネの初期の精神に依拠するとして、フレネの仕事を紹介するにあたって、次のように言及している。

「……実際的な人間で、思想を生活に、理論を行動に、理想を恒常的な探究に結びつけ、それを実現し、現実の中で創造的に表現しようと固持した。フレネによって教育するとは本質的に生きることであり、したがって、教育の法則は生活と同じ、単純な、永遠の法則であろう。教育学は教育の科学であると同時に生活の科学である。

彼の精神は議論せずには信ぜず、すべてを現実的批判の篩にかける権利を不思議に保持し、誤りや不正をあばき、理想を生活のレベルにおろし、日常の行動を理想のレベルに高める気高い特権をもって、単純な道を発見している……。研究者は単純さと生活へむかう者である[5]」

そして、イタリアのMCEが誤りをおかし、逸脱しつつあるというフレネの告発をよそに、MCEの仲間たちは、運動はそれが運動である以上、時と状況にしたがって変るのが当然であり、それが人間生活と人間関係の法則だとして、すべての人が運動そのものを変えつつ、思想を持ち、それを実行する権利があるとして[6]、あらゆる教条主義を排除して、彼らの運動を発展させていった。

『まちがえた村』――カティアへの手紙

マリオ・ローディの教育実践の宝庫の中から、その一端を検討するにあたって、『まちがえた村』の小学校一年生の入学の日を取りあげてみたい。このローディが担任する一年生が五年生になるまでのボー小学校五年間の全課程の教育実践日誌の序文は、入学日の当夜、ローディが師範高校新入の女子学生への手紙として書いた長いモノローグになっている。

「親愛なるカティア　　ボー、一九六四年一〇月一日二三時この夏、ずっと議論しどおしだった遠足のおわりに、松林で、あなたが小学校教師になるために師範高校に入学する決心をした日に、私はあなたが書物で理論的学習をするかたわら、子どもたちの学校での実際のあり方の研究もできるように、私のクラスにおける仕事の記録をあなたに送る約束をしました。約束は必ず守らなければならないから、この最初の二日間がどうだったかをきちんと報告します。そのうち、新聞や絵のカラー・スライドや録音テープを送ります。あなたが来た時にまた議論しましょう。[7]」

という書き出しで、後進に教育実践研究の資料を提供するという作品の意図が述べられ、クラスの構成、教室、学校の置かれている条件や私有制原理に基づく社会体制、権威主義的学校と教育内容、方法に対する鋭い批判と自らの教育に対する信念が綴られている。

「……私たちが何者であるかは、最初の日に、子どもたちの前で自分の仕事をどう展開するか、子どもたちを隷属させるか、それとも解放するかを決めねばならない時にすぐに明らかになる。この選択から残りのことはすべて、あなたの人間の大きさも由来する。もし、解放の方法を選ぶなら、あなたの中に大きな力が湧いてくるのを感じる、それは子どもたちに対する愛であり、その同じ愛は市民的意識をもって社会問題に取り組むことに移さずにはいられないものである。それは大変大きな力であり、あなたが試してみる時にわかる。あなたの仕事によって仮面をあばかれたと感じる最も卑怯な迫害者の打撃の下に、あなたは自覚によってのみ支えられて踏み留まる。打撃が大きければ大きいほど、あなたは強くなる[8]」

これほどに確固とした社会的自覚にたつ教師の、子どもたちとの出会いは一体、どんな風にはじまるのだろうか、という期待が高まる迫力のある文章である。「一粒の種子のような一日」と題された初日の教室の記録を検討する前に、まずこの「カティアへの手紙」にローディの教育観をみておかねばならない。

新学期が始まる一〇月から、最初の一月位は季節労働者の移住が定まらないので、農業契約の結ばれる一一月初旬まではクラスの人数も臨時的なもので、男子三人、女子六人計九人の少人数でスタートする。いずれ、もう少し増加する。イタリアの人口移動の影響は教育にも少からぬ困難な条件を与えているが、ローディは「これが私たちの職業であって、私たちはあらゆる状況に適切な技術をもって対処しなければならない」という。

理想的な少人数のクラスではあるが、学校はと云えば、百年も前から村にある小学校で、教室もまたクラスの人数にあわせて最も小さい部屋（四・七×五メートル）が当てられる。初日であるべき筈の昨日は休日だったので、ローディは翌日からの授業にそなえて教室の下見分に出かけた。この小さい部屋を見て、彼は古い刑務所を連想する。色も形も面積も心理的単調さも同じ。休み時間に緑のない中庭に降りる学童たちは、教師に監視されて、まるで囚人のような印象を受けるが、囚人にはまだしも、独房で自分のことを考える「自由」があるのに、教室には子どもも家族も選んだのではない先生がいて、子どもたちを服従させる。家では両親が、教会では司祭が、学校では先生が命令し、党や組合では幹部が、兵隊には軍曹が、工場では支配人が命令し、こうして大人になったら、妻子に命令し、私たちは皆看守になろうとする。

　こんなことを考えながら、彼は教壇や戸棚などを廊下に出して、教室を少しでも広く使い易いように工夫する。明日晴れたら野原に出て、子どもの生活の様子を聞きながら、自然の観察をしようと考えながら部屋を去る。

　しかし、今朝は雨。始業式のミサに行く時間を教師たちといっしょに百人位の子どもたちが玄関で待つ間、母親たちがローディに子どもを託す。

「わんぱくですから、たたいて下さい」

「怠け者ですから、きびしくしつけて下さい」

「私や父親のことは気にしないで、必要な時には罰を与えて下さい(9)」

　こんな親たちの中世的な考えや残酷な言葉の背後にも確かな愛情を感じながら、彼は親から子どもたちを託されることに狼狽する繊細な教師である。「もしこの親たちが医者や仕立屋や美容院や保証人を自由に選ぶように、自分の子を教育する人を選ぶ自由があるなら、私のところに来るだろうか？(10)」

　このような管理社会と官僚的教育行政の支配下で、自由な人間の形成のかわりに隷従する人間をつくる学校―これが問題の核心である。指導要領にはりっぱな言葉が書いてある。「学校の基本的目的は一定の知識の総体を付与することよりも、子どもに自ら習得し、行為する喜びや作風を伝え、学校を終えても生涯その習慣を保持させることにある」。しかし、現実には子どもたちの条件は流れ作業に従事する工場の労働者と同じく、権威主義的学校で試験と評価のために勉強する。説明、復習、評価、そして書取、作文、問題、評価。子どもを能動的に思考する存在でなくする要素は学校の外の社会でも同じことである。おやつを薦める広告、雑誌、スポーツ選手のブロマイド、流行歌、テレビのアップ・ダウンクイズ。学校では教科書が同じ役割を果していて、教師はそれを選ぶ自由はあっても拒否することはできない。本の数は沢山あってもどれも似かよっていて、そこには既に組織されたものとしての「文化」の概念があるだけで、生徒は毎日少しづつそれを受ける。スーパー・マーケットの商品のようにカリキュラムは教科毎に一切れづつ単元にパックされていて、教師は指示に従うだけ。シチリアの鉱夫の子にもポー平原の農民の子にも、イタリア全国の子どもにすべて同じように与えられる。それらは子どもの経験を排除し、生活と切り離されて、常に上から教え込まれ、受動的人間を形成していく。

「世界中の戦士の墓の中で何百万の十字架が、場合によっては否と云えるし、云わなければならないということを学校で教えなかったために、彼らがどんな運命に見舞われたかを私たちに語っている」(11)

これに対して、ローディは子どもを損なわず、完全な形成をめざす学校に於いては、教師の、というより教育方針の選択は、入学に際して、親と教師が討議すべき第一の議題でなければならないだろう、という。自由、民主主義、キリスト教精神がローディの基本的な原理である。「刑務所」を破壊し、学校の中心に子どもをすえ、恐怖心をとりはらい、子どもの仕事に動機と喜びを与え、敵対的でない仲間の共同体を子どものまわりに作り、その生活や内面に発達する最も高い感情を重要視すること、これが教師や、学校や、良い社会の義務であり、MCEの仲間たちは学校の内部にこの静かな変革を続けて来たという。彼らは評価を廃止して、それに子どもの真の関心を置き代え、教師自身が審判官から子どものアニメーター、ガイドに変身した。こうすることによって、権威主義的環境に於いて労働者が必要にせまられて上役に対して品位もなく振舞う場合に生ずるのと同様に、日和見主義や順応主義が生み出す傲慢や嫉妬の精神的土壌を子どもの心から剝ぎ取ることが出来るということを示して来た。

しかし、体制が生み出すこのような社会的人間的環境の中では、キリスト者としての使命と隣人との社会的関わりとの間に横たわる困難はローディのような高い意識をもった教師にとっては常に劇的緊張をはらんでいて、内面の苦悩を高めている。

始業式のミサの間、司祭が子どもたちに先生によく従うように説教している時に、ローディが思いを馳せるのは別の司祭、バルビアナ学校のドン・ロレンツォ・ミラーニ(12)のことである。正当な不服従の精神を賞揚する勇気をもったドン・ミラーニは労働者、農民の子弟のために民衆学校を開いた。その学校では採点も休暇もなく、子どもたちに互いに教えあい、貧しい人々がより人間的に、より精神的に、よりキリスト教徒として、すべての面で、より高いレベルに人間の尊厳を高めるために助け合う能動的キリスト教精神をもって学習した。

「……明確な考えを持ち、社会的闘争にりっぱに取り組むことのできる人間をつくる的確な計画を持っているならば、その時は算数を少し説明する言葉さえもこの尊厳を持つ。民衆学校の七年間に私は一度も学理をなす必要もあると思ったことはなかった。そして特に敬虔な、或いは建設的な話をすることすら配慮しなかった。私は自分自身を築くこと、私が彼らになって欲しいような人間であるように気をつけた。私が宗教の浸透した考えを持つこと。ひとが話の中に信仰を貫通させる機会を殊更に求めてあくせくする時には、信仰があまりないこと、信仰が生き方、考え方ではなくて、生活に取って付けた何か不自然なものと考えている証拠だ。だが、ひとがこの機会を求めない時には、教育を、そして真剣な教育をしていれば、自ずと信仰は現われるだろう。というよりむしろ常に、考えもつかず、殆んど意識しないうちに現われているだろう。……しばしば友達は私がどのように教育するのか、そしてどうすれば教室が満員なのかと聞く。彼らは私が彼らのために方法を書き、カリキュラムや教科や教育技術を明記するようにと主張する。彼らは質問をまちがえている。教育をするためにどうしなければならないかと心配するのではなく、教育ができるためにはどうあるべきかということだけを心配しなければならない[13]」

ずっと以前に、ドン・ミラーニが自分の教師としての状況を『牧者の経験[14]』に綴ったこの言葉が始業式のミサの静かに進行する間、ローディの耳の中に鳴り響いていた。そして、この朝、彼はこの言葉によって内心、自分の教師としての立場の選択をしたのである。ドン・ミラーニのこの長い言葉をあえて引用したのは、これがローディの実践を検討していく場合にその教育の神秘を解く重要な鍵になると思えるからである。（筆者が初めてローディに会った時の印象はまさに神父のような人であった。真の宗教心がその風格に現われていて、対面するだけで何か、敬虔な気持に誘い込まれるような深い内面的感動を受けた）。

その教育はいわゆる宗教臭さとはおよそ無縁なものでありながら、人間としての生きる姿勢から自ずと醸し出される自然で、単純で、繊細な配慮と人間愛に満ちた充実した時間がそこに展開されていく。

この「カティアへの手紙」を書いたのは、その朝子どもたちとはじめて出会って、これから検討する「一粒の種子のような一日」の実践をして、帰宅後その日のレポートを書いた日の夜のことなのである。何よりもまず、一日にこれだけの仕事ができるということに驚嘆しつつ、この日の教室のレポートを次に検討していくことにしたい。

「一粒の種子のような一日」

ローディの教育方法を理解するために、この初日の教室の展開過程を忠実に順を追ってみよう。

◇　◇　◇

一九六四年一〇月二日。教会から戻ると、悪天候のために予定していた野原への外出をとりやめる。教室は暗く、時々停電で子どもたちがふざけるなかで、まず、教師から順番に自己紹介が始まる。それぞれ名前、住んでいる通りの名（知っていれば）、父母の名前と仕事、友達、好きな遊び、自分の生活の様々なニュースを云う。そして、ロッカーに自分の場所を選び、そこにタオル、石けん、歯ブラシを入れる。

多くの子どもは既にローディの娘コセッタと幼稚園でいっしょだったので、顔見知りだが、なかには親が教師の権威的イメージを抱かせているために恐怖心を持って不安そうな子もいる。しかし、すぐに慣れて騒々しくなる。皆の話を聞くにはどうすればよいのか？　一人づつ話をしなければならない、と子どもたちは云う。共同体の要請から生まれた最初の、この容易ではない規則を実行に移すことにする。二分も誰かの発言が他の子に妨げられなければ、教師は喜ぶ。突然、どしゃぶりの雨。皆窓に駆け寄る。子どもたちは雷を恐れたり、笑ったり、窓に鼻をおしつけて雨の音楽に夢中になったり、それぞれの表情を見せる。そこで子どもたちの会話が始まる。

―昨日は日が照ってた。

―空が真っ青で、真ん中に白い雲がひとつあった時もあるよ。

―だけど、いつかは嵐が来て、黒い雲がいっぱいだったよ。

―風がある時は雲が走っているよ。

―あしたは晴れる？

この質問の機会を逃さず、先生は、この学校には魚を観察する水槽も花を観察する庭も何もないけど、私たちはこの大きな窓から空をいっぱい見ることができるのだから、毎日一日も欠かさずこの空に何がおこるかを観察しようと提案。子どもたちはまたにぎやかに記憶の中にある天気の話を続ける。その中から、皆で結論を出す。⑴天気は毎日変る⑵今は夏より雨が多い⑶雲がある時に雨が降る⑷雲があっても雨が降らない時もある⑸雲は白か灰色で動く。

まだ窓から雨を眺めている子どもたちに先生は
—なぜ描いてみないの？

と云いながら白紙をみんなに配る。

—何を？

—雨、雷、私たちをここに閉じこめるこの悪い天気を。

—わたし、できない（小さな声）。

—何ができない？

—雨。

—わたしはテントがゆれてる家を描く。

このヒントで前の子も顔を輝かせて、自分の家と雲二つ、大きな雨粒、そばに傘をさした自分と花を描く。横なぐりの雨が窓に叩きつける間、子どもたちは皆、紙から「轟音」をたてながら描く。ファビオが云う。—映画みたいだ—。

様々な絵がパステルで元気よく描かれていく。緑を沢山使う子もいれば、黒を沢山使う子もいる。その理由はまだわからないが、そのうち明らかになるだろう。勿論、どの絵も皆美しい。それを皆で観賞出来るように壁に貼る。

―これは何の話を描いたの？

―雨が降っているところ。

―僕のも雨が降ってるんだ。

―わたしのも。

皆、描いた情景を説明する。そこに想像の人物を加えて話をする子もいる。ここでも、子どもたちは自分を生き生きと具体的に現わす。

―みんなはカラーで雨の物語を描いたけど、他の方法でも語れるんだよ―と先生は云う。皆が驚いてしんとしている中で、先生は黒板にゆっくり「雨が降る」と書いて読む。

―先生が書いた！　ファビオが叫ぶ―僕のお母さんも書くよ。

皆でいっしょに言葉を読む。―絵の横に書いてごらん―と先生は提案する。子どもたちは絵の空いた部分に言葉の「絵」を書く。そして、今朝の物語を語る言葉を満足げに何度も読む。

先生は子どもたちに絵の批評を促す質問を向ける。「どれが紙いっぱいに描いてある？」「どの人物がよく出来ている？」「どの色が絵によく合ってる？」「この絵の中で何が一番大事なこと？」質問を皆にむけて、殆んど皆が喜んで答える。なかには知的な観察もある。

―葉っぱが大きいのに、人間がこんなに小さいのはおかしい。

―イレアナの家はきれいだけど、雨が降っていない。

―アンナのは雨が降ってる。

―緑のそばの黒がぬれてるみたいでいい。

美的な問題と叙述的な絵についての初歩のアプローチである。最後にアンナの絵が選ばれ（この日はローディが選んだが、次から手をあげさせて子どもたちに選ばせる）、拡大して壁に貼ることになる。他の子の絵は日付のスタンプを押して子どもの紙ばさみにそれぞれ仕舞う。アンナは色チョークで大きな紙に彼女の作品の構図を写す。彼女のまわりに集まった子どもたちは口々に注文をつけるが、アンナは屈託なく自分の絵に取り組む。中央に家、一方に傘を持つ自分と、他方に黄色い葉が落ちる木、下には花のつぼみが一列にならんでいる。

―木には長い枝があるのに、どうして描かないの？　―とファビオが云う。

―ここにあるのよ、葉っぱがついているのが見えない？　―と彼女は答える。

下絵ができると、先生はびんに一さじの粉絵具と水を入れ、かきまぜて絵具の準備をして見せる。

―わたしがやる？―と何人かが尋ね、他のカラーは子どもたちで準備する。粉絵具が少し机に落ちる、すると、働く手の教育と秩序の感覚がそこから始まる。びんと筆を最後に洗って、それぞれの場所に仕舞う。アンナが描いている間に一つのグループが絵具を常置する場所を話合って決める。整理当番を決めるのに、最初にやりたい者同志のけんかが始まる。他の仕事もあるので、皆で仕事を分担するのだと説明して宥める。市場みたいな賑やかさだが、組織的で有能な共同体を作るために、それは一度は通らなければならない必要な段階である。

アンナの絵が出来上り、テープで壁に貼る。「雨が降る」という言葉も書かれている。そのきれいな絵を見て、他の子もまた大きな紙に描きたがるが、毎日一枚づつ、ちがう子の絵を選ぶ約束をする。みんなきれいだが、その中から今日の絵のように、みんなにとって大事な、本当の話を物語っているのを選ぶことにする。

—下の幼稚園の子たちに見せに行こうか？—一人の女の子が壁の絵を指差しながら云う。賛成の大声が湧く。

—僕たちのも持って行こうか？—他の子が付け加える。皆持って行くことになり、それぞれ、自分の絵を持ち、先生がアンナの大きな絵を持って、階段を降りて、絵の行列は幼稚園の大部屋に入る。そこには元の仲間たちが大人しく椅子に座って話を聞いている。子どもたちは自分の絵を見せて、それぞれ説明する。それから、アンナの絵を見せて、絵の下に彼らが生まれて始めて書いたみみずが這ったような言葉を指差して繰り返し読む。注意深く聞いていた小さい子たちの一人が立ち上って「雨の歌を知っている」と云う。それは、古い童歌で、ローディもうっとうしい雨の日に母親と繰り返し歌ったものだという。

「雨、雨、めんどりが卵を生んで、ひよこがピヨピヨ……」

それは皆が知っているということがわかり、いっしょに唱える。ファビオは窓を見ながら、机を指で叩いて雨の音を表わす。他の子たちもそれを真似るが、その音は弱くなったり激しくなったりする雨の音にそっくりで、外の雨と交りあう。

「雨、雨……」を皆で繰り返しているうちに、ウンベルタがその騒音にまさる大声で突然、叫ぶ。

―小鳥たちは雨が降るとうんざりして「この天気はうっとうしいなあ」と云うんだ。そしてお日さまを呼ぶ。

先生―お日さまは何と云うかな？

―こんなに雲があったら行けないよ、と云うんだ。

聞こえた子たちが静かにと合図をする。静かになるとウンベルタに劇の提案を繰り返させる。ウンベルタがセリフを云うと、アンジェロが動き出す―あとから風が来て雲を追い散らす！

―そして葉っぱを枝からひきちぎる―とファビオが云う。

―そうだ、風がいる―と先生は云う。

―わたしは葉っぱになって踊る！―カティアが云う。

―あたしも！　あたしも！

―葉っぱを踊らすには風がいる―と先生は繰り返す。ガヤガヤと議論しているうちに、混乱していた情景が次第にはっきりとした形になり、皆が納得する。

子どもたちが軽い雨と強い雨を指で叩く。皆で「雨、雨、めんどりが卵を生んで、ひよこがピヨピヨ……」を歌う。

小鳥　うっとうしい天気だなあ。お日さま、来て暖かくしておくれよ。

太陽　こんなに雲があったら、どうしよう？

風が到着。

全員　ヒュー、ヒュー。

木の葉たちが揺れ動く。

木の葉1　風さん、わたしを枝から離さないで！

風はもっと強く唸り、木の葉をひきちぎり、隅にころがす。

木の葉2　あたしはもう少し木にくっついていたいな！

しかし、この葉も両足をくっつけた変な踊りの後で、落ちる。

木の葉3　あっち行け。意地悪の風！

この葉の戦いは長く、よじれ、バタバタするが、風はますます捻る。―とても面白い皆のコーラスの場面。最後に風が勝つ。勝っても止まず、その叫びで落ちた葉っぱたちを長い間跳ね上がらせる。風が止むと一瞬静かになり、雨が強く葉っぱの上に叩きつけ、ぐしょぐしょにする。

皆は童歌を繰り返す。


小劇は皆の気に入り、変化をつけて繰り返す。ドナテッラが云う―わたしはゆかいな音楽をパックに入れたい、そうすれば死んだ葉がそれを聞いて、目を覚ますの。

しかしウンベルタがやり返す―葉っぱが死んだのならもう目は覚めないよ。

アンナが云う—あたしのお父さんは落ち葉をまぐわで掻き集めるよ。……
ファビオが云う—僕が落葉ひろいをやる！
そこから、落葉ひろいと落葉の小劇（省略）。

教室に戻ると、今日の天気を表に記録しておくために子どもたちに尋ねる。

—今日は何がいる？

—太陽！—先生の質問を文字どおり受け取った一人が叫ぶ。

—だけど、今日は雨だよ。—もう一人が云う。

—空がいる。

—そして下には地面。

—ちがうよ。—アンジェロが口をはさむ—空気はどこにおくんだ？ 空と地面の間には空気があるのを知らないのかい？

この理屈は飛ばすわけにはいかない臨時の「現実」に教師を釘付けにする。この年頃の子どもたちの絵には、天は高く、地面は低く、中間は空間（アンジェロが「空気」と定義）になっている。子どもの認識過程において、地平線に空気と空が融け合うのはかなり先のことで、光と影、遠近法が現われ、寓話が現実に席を譲る時までは、この観察を尊重しておくことにする。用紙を四つの部分に分け、上から(1)「曜日」、もっと後で日付（カレンダーの紙を使っても良い）(2)空（太陽か雲の絵）⑶空気（ここにはある時には風がくる）⑷地面（ここには、そこに落ちて来たり、その上にあるもの、雨、雪、霰、霧、露が表わされる。但し風は入れない。私たちの肌に感じ、草がなびいても、風を子どもたちは上の位置に入れたがる）と定める。

今後の仕事を組織するために、気象現象を描く用紙を準備して、晴なら太陽、曇なら雲、雨なら黒い粒（どしゃぶりは大、軽ければ小）、霧なら黄色の粒と皆で定める。三人の子が今日の分を用意して壁に貼る。これが最初の気象観測のデータになる。多くの子がこの仕事の係りになりたがるが、少なくとも当分の間は毎朝数分間みんなでする仕事にしておきたい。それでもやりたがる子には、これから数日間の分を準備することを提案する。まぶしい太陽を描く子が多い中で、子どもにもペシミストがいるのか、雲を描く子もいる。封筒に「絵」を二つのグループに分けて集める。さらに、後日の役に立つように、ボール紙のカードを利用して一つの「遊び」を提案する。毎日、箱に一枚のカードを入れる。その紙は晴なら赤、曇なら灰色に塗る。（このカードは後日、毎日の天気観測という生活と経験に基づきながら、統計的処理を通じて算数の学習をする時に役立つ）。

午後[15]、子どもたちは午前中の出来事を家に報告して、嬉しそうに学校に戻って来る。

―お母さんがいつか学校に絵を見に来るって。

―わたしのお母さんは働いているから来られない。

そこで、学校に来れない父母や遠くに住む友達、祖父母に学校でしていること[16]を見せることにする。先生の云っている意味がわからない子どもたちに、先生はリモグラフを見せる。原紙を出して、アンナの絵の上に置き、鉛筆で敷き写して、それをヤスリ板の上に置き、鉄筆でなぞり、それをリモグラフのガラス面上に置き、網にインクをつけて、クラス全員と友人の分に必要な枚数の用紙を揃えてアンナの絵を刷る。刷り上った絵にパステルで各自、色を塗る。こうして彼らの学級新聞の第一頁が出来上る。

◇　◇　◇

この教室の第一日は「一粒の種子のよう」に、小さな共同体の未来の特徴的な諸活動の萌芽を含んでいる。子どもたちの関心に基づいて様々な技術がそれぞれに関連し合いながら、いろいろな方向に開かれている。図式化すると、子どもの関心→会話→言語、印刷、仕事の社会化。絵画、美的感覚。演劇、歌、詩。観察、自然、数学という要素に集約することが出来る。このような内容がそれぞれの教科や時間割といった従来の枠に全くとらわれることなく、まるで山中の清流のように、変化に富みながら、自然に、淀みなく、自由自在に展開されていく。それはこの初日から始まって、五年生の卒業の日まで、様々な方向に発展しながら継続していく。もとより、この一日の実践でローディの教育内容、方法を充分に把握することは不可能なことであるが、象徴的な若干の特徴を指摘しておきたい。

それは、まず第一に、教室の諸活動がすべて子どもの関心から始まって、自然に湧き出て来る会話の中から、糸をたぐるように導き出されて来るということである。この日の実践はもし晴れていたら、その題材と展開の仕方はまた違ったものになっていた筈であるが、その本質においては、子どもの関心＝会話と自然の観察を出発点にしている点で、基本的に変りのないものであっただろう。この日は偶然、雨が降ったために、彼らの絵のテーマは雨になり、彼らが人生で始めて習った文は「雨が降る」であった。そして自然発生的に展開される即興劇のテーマも「雨―風―太陽」という自然の変化に則していた。そして、その全過程において教師の介入の仕方は必要最少限度に留められている。しかも、子どもを実によく観察していて、子どものどんな小さな動きや言葉も見逃さない細心の配慮とそれぞれの子どもの自然な発達にそくして、個性の自由な表現と共同体の生活の中で培われる社会性を自然に導いていこうとする意図に貫かれている。

それはヴィットリーノ・ダ・フェルトレ Vittorino da Feltre（1378-1446）の「楽しい家」共同体の規律ある学校生活の実践が、真の能力に見合った機会均等の原則の下に、助教制や戸外の運動、遊戯や音楽などを取り入れながら、人文主義的自由諸学芸を専ら社会人としての判断力の養成のために、実際的学科として学習した方法や、『家政論』を書いたレオン・バッティスタ・アルベルティ（1404-1472）の自然への深い信頼と社会的存在としての人間への洞察に根ざした教育観など、ルネッサンス以来のイタリア・ヒューマニズムの伝統に連なるものである。

第二に、天気表の作製過程で現われた、子どもたちの「空気」の位置の認識の仕方にみる「飛ばすわけにはいかない臨時の現実」に対して、子どもたちの発達段階に則した柔軟で現実的な対応の仕方に注意しておきたい。これはまさに、ルソーが『エミール』第二編の中で、「子どもの時期を成熟させる」「子どもの状態を尊重する」「時をかせぐために時を無駄にする」のがよいと繰り返し述べたことでもある。このようなローディの余裕のある態度はその後の実践にも一貫している。

第三に、一見、即興的実践にも関わらず、この一日の教室の仕事は基本的には予めローディの頭の中で計画されていたにちがいないガイド・ラインに従って導き出されている。それは天気表と学級新聞の印刷という毎日継続することになる記録の作製に端的に現われている。しかも、それがあらかじめ計画されたもののようには全く見えないで、まるで、魔法のように、子どもたちが自発的創意を働かせるのに見合って進行していく。この実践が生み出される迄には、フレネとイタリアのMCEの仲間たちの、そしてローディ自身のこれまでの経験が踏まえられているわけであるが、それにもかかわらず、釣糸をたれて待つ魚釣りの名人のように、巧みに子どもたちの言葉を捉えて指導の手がかりにする気合の良さは名人芸と呼ぶにふさわしい。そして、すべての名人芸がそうであるように、人間の教育という芸術においては、ことさらに、名人の域に達するには「カティアへの手紙」やドン・ミラーニの言葉にみるように、生き方、考え方に一貫した信念が必要とされる。それは人間の尊厳とすべての生命あるものへの愛、すなわち自然への畏敬に貫かれているということである。そして、このような教師の指導性は学校生活の出発点にあたって、小学一年生の子どもたちが外の世界から持ち込む価値感や型にはまった表現や日常おかれている非教育的条件から彼らを解放するために、ローディがどのような積極的な努力を払っているかを、「カティアへの手紙」と共に、同じ時期に雑誌『コオペラッツィオーネ・エドゥカティヴァ』

に書いた次の言葉を読む時に明確に解き明かされる。

「一般に、子どもの自発性は、特にテレビと父権制が支配しているようなところでは、存在しない。子どもは全くの条件反射によって動かされているのでなければ、吸収したことを無意識に繰り返すだけである。今日では、黙っているか、何か混乱した言葉を呟く子どもは「自発的」だと逆説的に言えると思う。その混乱した言葉は（学校から数キロも離れた孤立した酪農場ベルジャルディーノから来るヴィルジニオのように）生活の経験に裏づけられているが、一方、ボビー・ソロやチンクェッティのすべてを知っている物知り顔の横柄さとおしゃべりで学校に来る子は、それだけが彼を関わらせる話題なのだ。学校の積極的な条件づけは、最初のうちは、新しい様々な刺激を日々示唆して、その自然な土地環境の風土に根づかせ、そして次に、一度無気力なメカニズムを好奇心、観察、論議で動かしたら、子どもを刺激し、行い、試し、推理し、間違え、克服し、反省する手段（学校）か、彼が聞き、受身に同化し、従い、場合によっては……歌うように誘惑する様々な他の手段かの選択を日常的問題として突付けるような効果がなければならない(19)」

こうして、学校は積極的条件づけのためには子どもたちの自発的関心に従うというよりも、彼らを正しく積極的な関心へ導くように働きかける必要があるという自覚が、ローディを種まく人にしている。

おわりに――学校を越えて

この『まちがえた村』五年間の教育実践の到達点は彼が教育の「中立性」を棄て、子どもたちがあらゆる抑圧や威圧から自らを解放し、創造的エネルギーと批判力を自由にのばしていくことを目的として、自らをそのためのガイド、アニメーターとして位置づけ、その教育手段の完全な支配に成功したことによって、子どもたちは自主的学習の理想的条件に達している。そこで子どもたちは集団的に仕事をして、自治（自主管理）を学び、表現（図画、音楽、演劇、自由作文、即興詩）や観察と観測（実験、統計表、算数、計算機の使用）、情報（文通、新聞、映画）のあらゆる技術を次第に身につけ、より複雑でより広く深い経験に応用する。そして、資本主義社会の経済法則、階級的社会構造、帝国主義的歴史的現実、個人主義的、功利主義的、消費主義的モラルの発見に到達する。

その学習過程において全く教科書も使わず、公教育省のカリキュラムにも従わずに、日常の現実、子どもの観察精神と好奇心が生み出す数多くの小さな機会から完全な表現の自由の下で、直接、自発的に学習を展開し、独自に自分たちを取りまく現実を発見していく。その過程において、教師の役割は子どもたちの認識を助け、可能にするために必要な手段や技術（科学的方法）をすべて供給するだけに限定されている。

このような実践の過程で、ローディは新しい困難に出会い、「まちがえた」学校を変えるためには「まちがえた村」＝社会を変える必要を痛感し、「教育の仕事は学校の内部に限られるならば不毛[20]」だとして、村の行政など、市民として政治にも常に関わって来た。それはこの本の初めに「カティアへの手紙」で彼がすでに、子どもたちに対する愛が「市民的意識をもって社会問題に取り組む」力となるのだと述べたところであるが、本書の最後にも再び、今や教師のポストを待っている「カティアへの手紙」で、六〇年代末の闘争でようやく目覚めた労働者や農民たちが村の住民集会に結集し、保育所の問題や税金、学校における子どもたちの状況、戦没者の記念碑をつくるか否かの問題などに直接関わっていくなかで、下から、学校から政治を変えていく意味を自ずと理解し、新しい経験を試みているのだと結ばれる。

ローディの道はあくまでも、自己の置かれている状況において、具体的に内部から変えていく試みであり、実験的現実的設定によって、日常的具体性を通して公事管理のモデルを提示している。それは自らの実践を具体的に示すことによって、その意志さえあれば、誰にでもすぐに応用可能な方法論として説得力をもっている。

ローディの教室の仕事はテレビで放映されたり、この本をきっかけにして、基礎民主主義と学校の関係に関する討論が学校や地域や諸政党、組合の関心を呼び覚まし、教師や文化人の側から、共同体に対する教育の責任の重要性が認識されるようになり、労働者階級は階級闘争が学校から始まることを理解した[21]。

ローディにとって、個人の生活と政治的形成は小学校一年生の第一日目から始まり、教育の仕事は学校を越えて、自由な人格の形成と自由な社会の形成とは密接に関連したひとつの過程として、教育と政治生活の本質的な差を取除いていく。

本書はまさに現代の『エミール』と云ってもよく、ルソーが生み出した虚構のエミールとは異なり、ローディと共に協同で学習した子どもたちは、今やどのような社会人に成育しているのかを知ることも、興味ある課題のひとつである。（一九八〇年一二月記）

注

（1）フレネ技術については最近相ついで翻訳が出ている。
『フランスの現代学校』フレネ著、石川・若狭訳、明治図書一九七九年（Célestin Freinet, Les techniques freinet de l'école moderne, 1964 Armand Calin）
『手仕事を学校へ』フレネ著、宮ケ谷徳三訳、黎明書房（Célestin Freinet, Pour l'école du peuple, 1969 Francois Maspéro）.

（2）Aldo Pettini, Célestin Freinet e le sue tecniche, La Nuova Italia, Firenze 1968.

（3）Ibid.

（4）Fiorenzo Alfieri, Il msestiere di maestro, Emme Edizioni, Milano 1974, pp. 113-115.

（5）Giuseppe Tamagnini, introduzione all'opera di C.Freinet, I detti di Matteo. Una pedagogia del buon, senso, La Nuova Italia.

（6）Raffaele Laporta, Il gruppo e l'antigruppo, in Cooperazione Educativa, 1964, n. 12.

（7）Mario Lodi, Il paese shagliato. Diario di un'esperienza didattica, Einaudi 1970, 6 ed. 1972, p. 15.

（8）Ibid. pp. 23-24.

（9）Ibid. p. 18.
（10）Ibid. p. 18.
（11）Ibid. pp. 18-19.
（12）ドン・ミラーニについてはバルビアナ学校著拙訳『イタリアの学校変革論』（明治図書一九七九年）の解説を参照。
（13）Mario Lodi, op. cit, pp. 25-26. Don Lorenzo Milani, Esperienze pastorali, Libreria Editrice Fiorentina 1972, pp. 237-239.
（14）ドン・ミラーニの『牧者の経験』についても『イタリアの学校変革論』解説参照。
（15）この学校の時間割は午前九～一二時、午後二～四時で、木曜が休日になっている。
（16）リモダラフは簡単な複写機で謄写版の前身。リモグラフも三人の子がグループで仕事をする。一人が用紙を置き、一人がインクをつけ、もう一人が用紙を乾かす。
（17）William Harrison Woodward, Studies in Education during the age of the Renaissance 1400-1600, New York 1906, Chapter I. p. 11.
（18）アルベルティ『家政論』Leon Battista Alberti, Della Famiglia の中から、特に教育に関する部分については『イタリア・ルネッサンス期教育論』明治図書一九七五年所収、拙訳アルベルティ「家庭教育論」参照。
（19）Mario Lodi, Pagine di diario, in Cooperazione Educativa, 1965, n.1
（20）Mrio Lodi, Il paese sbaglito, Lettera a Katia, p. 469.
（21）Umberto Puccio, C'ésperanza al paese sbagliato, su《il Ponte》n. 3 del marzo 1971.

人文学報　教育学⒃　首都大学東京　一九八一年

サルデーニャへの旅——MCEの教師たちを訪ねて

リータ

あるところにリータというおんなのこがいました（アントネッロ）
さとうにゆびをつっこみました（ロベルト）
そして、そのゆびをくちにいれて、しゃぶっていました（ファビオ）
おかあさんはベルトとぼうでリータをぶちました（コスタンツァ）
そして、ゆうはんぬきでベッドにやりました（ピエルパオロ）
みんながねてしまうと、リータはおきだしました（ロッサーナ）
ゆびをさとうにつっこみました（マイレーナ）
そして、しゃぶりました（ティツィアーナ）

この詩は、イタリアのサルデーニャ島サッサリ市郊外のスラムにあるセッラセッカ小学校の一年生たちが、後述するMCEのジャンフランカ先生の指導の下に共同製作したものである。かっこ内はこの作品のそれぞれの頁の挿絵を描いた子の名前である。例えば、ロッサーナの描いたのはリークが夜中に起き出す場景だが、そこには、大小とりまぜ九つのベットにひしめきあって暮している、貧乏人の子沢山の生活が見事にとらえられている。

八行の短文と八枚の絵が、民話的な語り口で、サルデーニャの貧しさ、母親の生活苦、そして子どもの生命力のたくましさを端的に語っている。わら半紙を四つ切にして、ホチキスでとじたガリ板刷りの手作りの自主教材なのである。

ヌオーロへ

グラムシ生誕の地であるサルデーニャ島へむかって私がフィレンツェを発ったのは、一九七四年四月一三日、復活祭の前日だった。

チヴィタヴェッキアで汽車を降りると、もう夜だった。私は久しぶりに解放された気分で、レストランの明りと人々のざわめきを背に、椰子の街路樹の潮風にさわぐ大通りを、ミケランジェロの要塞のある暗い港へ急いだ。

夜十一時に出航した船旅は平穏で、翌朝六時に小雨のけぶるオルビア港に着いた。最初に行こうと思っていたサッサリへの汽車便はなかった。私は急きょ、行先を変更してヌオーロ行のバスに乗り込んだ。

バスは復活祭の休暇を久しぶりに故郷で過すために帰省した老若男女や出かせぎ労働者たちでいっぱいだった。私はたった一つ空いていた席にうまく座れた。私の隣と前後の席には若い夫婦が二組とその伴れがいて、にぎやかにしゃべっていた。隣の女の人が私に標準語で朗らかに云った。「安心なさい、この雨、ヌオーロに着く頃にはきっとやむわよ。いつもそういうことになっているんだから。」バスはすぐに港町をはずれ、小灌木とゴツゴツした岩のころがる荒涼とした丘陵の間を登って行った。

それから、彼女たちはサルデーニャの方言で、ボローニャの生活のことをしゃべっているようだった。一人の男だけが標準語で話していた。と、突然、私の後の女が「あんた、何もここまで来てイタリア語で話すこともなかろうに」と云った。この言葉は私を喜ばせた。それは、もうずいぶん昔、故郷で小学校の同窓会に出席した時、私が感じたことと全く同じだったから。

そして、私はグラムシが獄中から妹のテレジーナに宛てた手紙で、甥のフランコにはサルデーニャの言葉を自由にしゃべらせて欲しいと懇願していたのを思い出した。姪のエドメーアが幼い時に、サルデーニャ語を自由に話すまゝにしておかなかったのはあやまりだった、と彼は書いている。

「……それは彼女の知的形成をそこない、彼女の想像力にお仕着せをまとわせることになった。あなたの子どもたちにはこのあやまちをしてはならない。それに、サルデーニャ語は方言ではなく、独自の言語であり、それが大した文学をもたないとはいえ、出来れば子どもたちが沢山の言語を覚えるのはよいことだから。それに、あなた方が彼に教えるイタリア語は、彼とあなた方の会話の、全く幼稚な、数少ない表現や言葉だけの、貧弱で不完全な言語だろうから。彼は一般的な環境に接することはなく、地方なまりを二つ覚えるだけで全うな言語を一つも覚えないことになってしまうでしょう。つまり、あなた方との表向きの会話のためのイタリア語の地方なまりと、他の子どもたちとか道端や広場で出会う人たちと話すための断片的に覚えたサルデーニャ語のなまりの二つを覚えるだけでしょう。ほんとうに、こんなあやまちを犯さないように、そして、あなたの子どもたちが望むかぎりのサルデーニャ語を吸収して、彼らが生まれた自然な環境の中で自発的に成長するがままにしておくように是非とも頼みますよ。それは彼らの将来にとって障害となるどころか、全く反対でしょう。」(1)（傍点引用者）

そして、私はこの手紙のことを、それから四日後にカリアリ県北部西岸のオリスターノ市で小学校教師をしているエドメーアを訪ねた時に、また思い出したのだった。彼女は私を五年生の教室に招き入れて云った。「私には出来損いのクラスがあたったので、見てもらうには及ばないのですが。」それで、私は彼女がどこか他の学校から移って来たか、受け持ちを交替したばかりなのかと思って、尋ねてみると、一年生から持ち上がりのクラスなのだという返事だった。私は五十年近く前のグラムシの慧眼をまのあたりにしたように思った。

しかし、ここで私はエドメーアの名誉のために、次のことをことわっておかねばなるまい。この十五、六人のクラスには、一見あきらかに落第生が数人いたし、それは、勿論、彼女だけの責任ではなく、旧態依然たるカリキュラムにのっとった学校全体の問題であり、さらにその背景には、北部ブルジョアジーに搾取されて枯渇しているサルデーニャの社会全体の問題があるのだということを。[2]

さて、一時間半ほどしてバスがヌオーロに着いた時、ほんとうに雨はあがって、海抜五五〇メートルの丘の上にあるヌオーロの町はひっそりと静まりかえっていた。バスのターミナルに出迎えていた人たちと乗客が散ってしまうと、小柄な町の人が一人残っているだけだった。復活祭の朝のことで、店一軒とて開いていなかった。

私はそこから二キロ離れたオリエナという村に、マリオ・ローディに紹介された、村の小学校のベッローディ先生を訪ねるつもりだった。が、オリエナ行のバスはおろか、タクシーもなく、途方にくれた。乗って来たバスの車掌が町の人に、私を送って行ってくれないか、と頼むとその人はすぐに引受けてくれた。彼は本土から帰ってくる筈の親せきを迎えに来たが、乗っていなかった、と云った。

教育協同運動（MCE）

ここで、マリオ・ローディとMCEのことを少しふれておかねばならない。

そもそも、私がサルデーニャ旅行を思いたったのは、一つは、今後の課題であるグラムシ研究のために、この機会にその故郷をみておきたかったのと、もう一つは、イタリアという国の歴史、文化、教育を考える上で、南部問題[3]を抜きにすることはできないからであり、その南部の一つであるサルデーニャとはどんな所か、自分の目で見ておきたかったからだった。

そして、この話をマリオ・ローディにすると、氏は、ではサルデーニャの先生たちを紹介しようと云って、私が訪ねることになった三人の小学校教師たちの名前を教えてくれたのだった。

マリオ・ローディは北イタリアのピアデナのボー小学校の教師で、レジスタンスの闘士であり、傑出した教育実践家で、教育協同運動（Movimento di Cooperazione Educativa）の指導的立場にあった。（このＭＣＥはフランスの教育者セレスタン・フレーネの理論に基づく、イタリアの民間教育運動で二五年の歴史を持っている。）

私がマリオ・ローディに会ったのは、サルデーニャへ向かう一週間前のことで、ボローニャで児童書展が開催された折に、フィレンツェの出版者で、ＭＣＥの自主教材の「仕事の図書」（Biblioteca di Lavoro）などを出版しているルチアーノ・マンズオーリ氏によって紹介されたのだった。

その二日後には、私はボー小学校の一年生の教室を参観した。そこで過ごした半日は、私の脳裏に今もあざやかに焼きついている。「その驚くべき謙虚さ、その感受性と繊細なこと、責任感にみちた忍耐力、特にひかえ目で内気な中にも偉大な教育的芸術的才能」とジャコモ・チヴェス氏も語っているとおり、マリオ・ローディは「教師であると同時に、芸術家で、市民戦士[4]」なのだ。

氏をはじめとするＭＣＥの教師たちのすぐれた教育実践と運動については別の機会に論じたいと思う。ここでは、サルデーニャのＭＣＥの教師や子どもたちが主人公である。が、ここで一つだけふれておきたいことかある。それは、前之園幸一郎氏の「ＭＣＥの教育理論ならびに教育方法について」[5]という論文に関してである。この論文によって、MCEの運動に対する誤解が生じることを私は望まないからである。

私が見聞し、多少なりとも参加したMCEの教師たちの実践は、人間形成に関して、極めてすぐれた科学的認識の上にたっていた。それは一言でいうならば、子どもの関心と問題を中心にして、子どもたちが主人公であり、反権威主義、反選別の平等な共同体としての学級であり、競争とエゴイズムを克服し、自由で責任ある、歴史の主人公を形成するための、協同と自由の価値の実現をめざしている。子どもたちと一体となって産み出す学習とその成果は、先にふれたマリオ・ローディの編集する「仕事の図書」（ワーク・ブックといってもよいかもしれない）の一連の小冊子や月刊誌『教育協同』[6]（Cooperazione educativa）にもみることができるし、マリオ・ローディの実践記録にも充分に読みとれるのである。

前之園氏は「この運動では教育課程論が欠如しているようにおもわれる。MCEの教育方法がどのような教育内容をとりあつかうのか、かならずしも明確ではない」と述べているが、氏はブルーノ・チャーリの『新しい教育技術』[7]や『教育方法』[8]をどう受けとめるのだろうか？　一例を引くと、そこには集合論まで述べられているのだが。「学習の系統性はどのように保証されるのか疑問がのこる」[10]というなら、ブルーノ・チャーリやマリオ・ローディを読んだ上で論ずべきだし、運動について論ずる以上、憶測によらずに直接、現場の教師たちに接して欲しかったと思う。「学校の全教育活動をすべてこの運動の理論と方法とによっておこなうことは、法的に不可能だということだ」[11]と断定するに至っては、フィレンツェのイゾロット小学校のルチアーノ・ゴーリ[12]やトリノのニーノ・コスタ小学校のフィオレンツォ・アルフィエーリ[13]やダリア・リドルフィの実践をみて、考えて欲しいと云っておこう。

MCEの教師たちも六八年の闘争に無縁ではなかったし、これを経た教師たちの実践は、まだ数少ないとはいえ、まさに体制の変革をめざす、自主的な批判力をそなえた子どもたちを育てている。（そして、彼らの実践はRAIイタリア国営放送局のテレビでもシリーズ番組として放映されている。）現場の教師たちが既製の教科書に依存せずに、自主教材によってこのように力強い運動を展開している時に、前記のような断定をするのは、現実認識に欠けており、片手落ちとしか云えないのではなかろうか。

オリエナ

さて、オリエナに着くと、ここはヌオーロとは打って変って、黒山の人だかり。村の中心をなす教会前の広場には村中の老若男女が民族衣装を着て集まって、伝統的な復活祭の行事に参加したり、見物したりしているのだった。もうヌオーロなどでは行なわれなくなった古い祭りで、このような小さな村にわずかに残っているらしく、RAIからも中継に来ていた。

周囲の民家の屋上には何個所か、村の連中が祝砲を空にむけてバン、バンと打ちならして、祭りの気分をもりあげている。よく見ると、広場だけではなく、家々の窓という窓にはひとがすずなりに顔をのぞかせていた。しばらくして、村の若衆、子どもたちが二つの行列にわかれて、片方は十字架にかけられたキリスト、もう片方は聖母マリアの像をかついで、村中をねり歩き、広場の中央で歌いながら出会うと祭もクライマックスだった。

こうして、私は村中の人びとに一度に対面することになった。傍らの小学生にきくと、「ベッローディ先生の奥さんが私の担任よ」ということで、すぐにその所在はわかった。しかし、先生を尋ねる前に、私は村人たちに案内されて祭りの客となっていた。村の公民館に手作りの素朴なお菓子と名高いオリエナのぶどう酒がふんだんに用意されていて、村人たちはアコーディオンの伴奏で快活な民族舞踊をおどって観光客たちをもてなしてくれた。何と幸運な時に来合わせたものだろう。二時間前には、私は自分がどこにむかっているのかも知らなかったのに。

「私の村はヌオロ県の一村です。一九七三年に人口七、〇八〇人で、そのうちの三〇〇〇人が北イタリアと外国に移住しています。村の面積は一六、〇〇〇ヘクタールで……」これは、ベッローディ先生の四年生の子どもたちの作品集の一部である。MCEの教師と子どもたちの学習の記録がどのようなものかを知るために、この『山』と題する日誌(彼らはIl giornalinoと呼んでいる)をのぞいてみよう。タイプで謄写板刷り、二三枚から成る。

「日曜日(アントニエッタ)—日曜日に私はミサをきくために教会に行った。教会を出ると、私は集会に行った。お昼に家に帰って、私はテレビで『歌の祭典』をみた。昼食後、遊びに行って、それから子ども番組をみた。それから、また『歌の祭典』とニュースと、題を忘れたけど映画をみて、それから広告をみて、寝ました。」

　こんな僻地の農村にも資本主義社会の消費文明の波が深く浸透していることがわかる。一方、次の文はサルデーニャに固有の社会問題を浮きぼりにしている。

「略奪（グラッィアーノ）―僕の隣人は羊を沢山持っていて、野原にいました。自分の野原に戻る途中、近くのぶどう畑にぶどうを少し食べに行きました。羊小屋に戻ろうとすると、覆面をして武装した男が『手をあげろ、さもないと打つぞ』と云いました。羊飼いは手をあげました。その時、他の三人の武装した男たちが云いました。『じっとしてろ、痛い目にはあわせないからな。羊が欲しいんだ。』三人の男は彼をしばって、羊といっしょにつれて行ってしまいました。彼らは見られないように彼に目かくしをしました。彼をドルガリの橋のそばにつれて行って、山賊の一人が一晩中、見張りをしている間に、他の者たちは羊の群れを車に積みこみました。明け方、羊飼いはなわをほどくことに成功したので、憲兵に知らせに行きました。翌朝、オリエナの人たちと警官たちが羊を探して、殆んど全部見つけました。僕たちは先生の友だちであるこの男の人にインタヴューしたかったのですが、この人は復しゅうを恐れて、トスカーナに出発しました。」

　このようなクラス全員（一九人）の生活綴り方が冒頭をかざり、次に村のニュース（事故、学生のスト、工事、サッカー等）、郷土史（他地方の学校間文通の相手クラスの要求によって、調査が開始されることになり、皆で議論して作業を分担し、報告書を作成した。）の頁がある。郷土史の作成にあたっては、「たずねた多くの人たちが親切に協力してくれたが、ぞんざいに答える人たちもいた。彼らは、こんなやり方では勉強できないし、『割算や問題やまとめ』（旧来の学習）をしなければいけないと思っているのだ。先生は私たちにサルデーニャの歴史もこのようにして学習しよう、と云った。私たちは他の地方についても、こんな風に学習したいと思うし、そのために、私たちはロンバルディアやヴェネトやシチリアやエミリアの、他の村の学校と文通しているのだ。」と記されている。郷土の自然、地理的条件、社会環境、学校、産業（養鶏、ぶどう酒、牧畜その他）、伝説から歴史まで、遊びに関する調査、父母が子どもの頃、祖父母が子どもの頃の村の様子の聞き書きなどでこの文集は構成されている。

ベッローディ先生は「祭日で子どもたちがいなくて残念だが」と云いながら、誰もいない教室まで案内してくれた。教室は子どもたちの作品や文通しているクラスから送って来た作品でいっぱいだった。このクラスは生徒たちの机が前向きではなく、会議室のように、大きな一つの輪に配置されていて、先生を囲む共同学習の様子が想像できた。この校舎の修理中の三ケ月間、借住居の教室が土壁で湿っていたので、先生はリューマチになった、と元気がなかった。

子どもたちの郷土史によると、彼らの祖先は、トロイアの英雄エネアの仲間が東海岸に上陸して、次第に奥地に入って定住するようになったもので、トロイア人ということになるらしい。また、サルデーニャの各地の小高い丘の上にヌラーゲという円錐形石造の遺蹟が残っていることから、先史時代から原住民が居た、と云われている。三世紀には確かに異教徒が定住しており、六世紀末には法皇グレゴリウスがキリスト教宣教使節を送って、オスピトーネ王とその人民を改宗させている。ローマ人やヴァンダル人、ビサンティン人の侵略に対して山間部の住民たちは降服しなかったので、ローマ人によって蛮族と呼ばれ、今日でもバルバリチーニという呼称が残っている。そのために、この周辺には小柄で色の浅黒い、生粋のサルデーニャ人が居住している。

その後、サルデーニャはピサとジェノヴァの争いにまきこまれ、一四世紀には、スペインのアラゴンの支配下に入った（そのために、サルデーニャの言葉にはスペイン語の影響がみられる）。一八世紀にはオーストリアに譲渡され、一七二〇年にサヴォイア家に属して、ピエモンテと共にサルデーニャ王国を形成し、イタリア統一の基礎となった。

このような異民族の相つぐ収奪の下に苦しんだサルデーニャの各地の中でも、特に屈強に抵抗したのがバルバリチーニだった。山賊で有名なオルゴーソロはオリエナの南一八キロの山中にあり、コロニアリズムに対する抵抗の拠点であり、サルデーニャ人にとって、オルゴーソロは「賢明に闘う」ことを知っている素晴らしい人々の住んでいる村であり、バルバリチーニの世界をつなぐ最も強力な輪として、一つの象徴となっている。G・ピントーレは「山賊行為がコロニアリズムに対する有効な回答にはなっていなくても、それは今日最も政治的、最も集団的な、コロニアリズムに対するサルデーニャ人の抵抗の一面にすぎないと云わなければならない。[14]」と云っている。

フィレンツェの友人に、サルデーニャ旅行の話をすると、「是非オルゴーソロに行くように」と勧められた。彼は休暇にオルゴーソロに行って、大変な感銘を受けていた。無類の善人である彼が「あんな親切な人たちはいない」というのだから、私も是非行ってみたかったが、ベッローディ先生はつれて行ってあげたいが、自分の車ではあの坂は上りきれないと云った。

サルデーニャで最も悲劇的なのは移民の問題である。バルバリチーニの村々の壁には、「移民＝流刑」とよく落書がしてあるというが、一九五一年から七一年の二〇年間に四〇万人、毎年二万人のサルデーニャ人が移住して行った。石油化学工業の建設は失業者（三万人以上）の救済にもならなければ、移住者の流出を防ぐことにもならなかった。それは労働者と貧困な農牧民を分裂させるための一要素でしかなかった。また、サルデーニャは国家統一以来、イタリア本土の流刑地でもあったのだ(16)。

ギラルツァへ

その翌日、私はヌオーロでバスを乗りついで、グラムシの家のあるギラルツァに行くつもりだった。が、ベッローディ先生の所で昼食をゆっくりしすぎて、バスに乗りおくれた。娘のサーラが「こうなったらヒッチね」と云って、通りがかりの車に手をあげた。私はヌオーロまで乗せてもらうつもりだったのに、運転者は自分はもっと先へ行くのだからといって、とうとうギラルツァまで乗せてもらうことになった。

小雨のけむる道中、見渡すかぎり低い丘陵と草原が続き、ところどころの小高い丘の上には古代人の遺跡のヌラーゲがあった。それはまるで大きなかまどのようだった。草原には石を積み上げた低い塀で囲いがしてあり、羊の群れがあちこちで草を食んでいた。運転者は、自分は一三才の頃から羊飼いをしていた、と言った。「なつかしいですか」と聞くと、「いゝや、とてもつらい仕事だった」と身上を語りはじめた。今でこそ囲いもあり、羊だけ遊ばせて放牧しておくこともできるが、昔は四六時中、群れにつきあっていなければならなかった。ある時は目覚めてみると水びたしの中で寝ていたし、身体に雪がつもっていたこともあった。そして、とうとう一九才でドイツに出かせぎに行った。道路工事の仕事で、難儀だったし、イタリアに帰りたかった。そこで、ナポリに行って、技術学校の寄宿舎に入り、夜中まで必死に勉強して電信技術を身につけ、今ではサッサリ市の電機屋に勤めて、こうやって車でテレビの修理にヌオーロとサッサリを往き来していると、満足そうだった。

一時間半ほどして、ギラルツァに着いたものの、グラムシの家は閉っていた。通りがかりの村の青年が管理人の家まで案内してくれたが、そこも閉っていた。小ざっぱりした村で、まだ復活祭の休暇が続いているらしく、店も開いている所はなかった。教会前の細長い広場に面して、ただ一軒開いているバーから酔っぱらいが声をかけた。私は教会に入ってみた。内部はやたら俗っぽかった。また表に出ると、広場にしつらえた離婚法レファレンダム[17]のポスターがNOばかりなのが目についた。さすがにグラムシの村。私は所在なく、サントゥルッスルジュまで足をのばすことにしてバスを待った。それはグラムシがおそまつな中学生活を送った村で、ギラルツァから一八キロ離れた所だった。

サントゥルッスルジュ

サントゥルッスルジュには全国文盲追放同盟（UNLA）の人民文化センター(18)（Centro di Cultura popolare）があった。ベッローディさんからここの所長のサリス先生を訪ねるように教えられていたので、行ってみた。図書室に居た一人の青年が病後静養中の先生の自宅に案内してくれた。先生は皆をよんで来るようにと言って、自宅に村の青年たちを集めてくれたので、しばらく青年たちと話し合った。おとなしい青年たちだった。

サリス先生の話によると、サルデーニャには人民文化センターが一七あり、ここは一九五一年に創立、最初は識字運動を中心に啓蒙的な役割を果してきた。その後、村の文盲は減少したが、人口流出はあとをたたなかった。そして、八年後に、抽象的な文化活動でしかなかったという反省にたち、教師が社会問題、生活経験に基づく文化の獲得の仕方について学ぶ必要を感じた。そこで、MCEとの協力でフレーネの活動学校の理論に基づく教員研修講座を行なった。さらに、また、機織、手袋縫製、編物の協同工場の誕生となった(19)。

翌日の午後、この工場に案内されたが、十代〜五十代の十数名の女性たちが働いていた。材料の買付から製品の売却まですべて自主管理で、売上げも平等に分配しているということだった。農家の主婦である彼女たちの悩みは、家事と両立させることがなかなか困難で、せっかく仕事を覚えた若い人たちが結婚すると、両方の重労働の負担に耐えきれなくてやめていくということだった。

また、日本から織物の専門家たちがこの民芸工場を見学に来た話も聞いた。今後二年間働く分だけの注文をして行ったのはよいが、写真をとりまくって、どうやら技術を模倣していったらしい、とサリス先生は苦渋に満ちた表情で語った。そして、訪問者名簿を見せてくれた。私はこんな所まで日本の経済進出はきているのか、と驚くと同時に、恥じ入った。サリス先生の表情から、その人たちがどんな態度でここに入って来たのか想像がついた。申し訳ないと思うと同時に、他人事でない痛みを感じた。その痛みを、その後、私は到る所で感じた。イタリア本土の教師たちの間でも。私はいつも一方的に学んでいるだけだった。自分の無知と無力さを痛感した。教育研究の方法においても、これは決して忘れてはならない痛みだった。私はサリス先生の目にその人たちと私自身の態度が二重写しになっていないことを祈った。

先生の話では、ボランティア活動であるセンターに対して、教育省の補助はわずかで、電気代も満足に払えない程だということだった。そして、先生は一日二日では私たちのことはわからない、もし出来ることなら、数ケ月ここで一緒に働いて欲しい、と云われた。（今、私は沖縄の人に、復帰の前年に沖縄を訪ねた時に、同じことを言われたのを思い出す。）私は長く滞在して彼らの活動に参加できないことが心苦しく、残念だった。

ところで、ギラルツァでグラムシの家が閉っていた話をすると、オリスターノでエドメーアが教師をしている筈だと言って、電話をしてくれたのはサリス先生だった。そこで、私は先に述べたように、翌一八日、彼女を訪ね、再び、彼女にギラルツァのグラムシ家を案内してもらうことになった。こうして、思いがけずお目にかゝれたアントニオ・グラムシの妹のテレジーナさんは、七九才の高令にもかかわらず、お元気で、フィオーリが書いているように[20]、相変らず黒い服を着て、本当に昔の本のさし絵から抜け出して来たように上品で、慎しみ深く、優しかった。それから、姪や甥や孫たちも沢山いた。私は感動して何も聞けなかった。

話は前後するが、サントゥルッスルジュでは、その前日、小学校の放課後課外活動で絵を描いていた子どもたちが、皆でグラムシの学んだカルタ・ノローニ中学校へ、丘の上まで案内してくれた。途中、水を飲んだり、写真をとったり、遊びながら行ったので、私はとうとうオリスターノ行のバスにまたもや乗りおくれてしまったのだった。

そして、さよならを云ったのに、再び戻ってもう一泊することになった貧しい宿の利撥なおばあさんが、だんろの火のそばで夜更けまで語ってくれた話も忘れられない。貧乏人の子が勉強する必要はないと、三年生で学校をやめさせられてくやしかったこと、再びセンターで勉強できて嬉しかったこと、おばあさんの離婚法レファレンダムに対する都会の若い女性にも負けない、しっかりした考え。世界と政治に開かれた目と心。そして、年老いたチッツォじいさんはもはや沢山の牛の世話をしきれなくなって、数頭を残して、わが子のように愛しい牛たちを手離した時の悲しみを涙ながらに語ってくれた。文盲のじいさんの話は純粋な土地の言葉で、おばあさんの通訳が必要だった。

サッサリ

　サッサリでも、また素晴らしい教師たちに出会った。最初に訪ねたのは、マリオ・ローディに教えられたMCEのマリア・アントニエッタだった。彼女の学校はサッサリ市から車で小一時間のセンノリという村の小学校だった。ここの子どもたちの歓迎ぶりは心にくかった。

　ここでは、私は授業から教員会議まであらゆる活動に参加した。子どもたちの即興劇は特筆に価する。その時、その教室に担任のアンナがいたかどうかも私の記憶にはない（教師たちは垣根をとっぱらって、隣の教室と自由に出入りして協力しあっていた）。多分、アンナは居なくて、観客は私一人だったと思う。何と、子どもたちは、教師たちが新しい教育方法にふりまわされて、授業をどう展開しようかと四苦八苦している様を演じたのだった。

　土曜の午後の教員会議は「同一評価の是非」だった。教師自身の仕事こそ評価されるべきで、子どもたちの評価を採り入れるべきだという意見を聞いていた。すると、五年生の子どもたちが村を案内するために皆そろって、入口で待っている、とマリア・アントニエッタが言った。私が表に出てみると、子どもたちは手作りの小さなウチワのようなものを差し出した。皆でアイスキャンデーを食べながら待っていたのだが、私の分は全部とけてしまったという。そのスティックを全部あわせて作ってくれたウチワだった。それからが大変だった。子どもたちは昔の教会の跡につれて行っては大きな石を持ちあげてみせ、日常の遊び場であるほら穴にもぐったり、道路の電柱に猿のようによじ登ってみせたりしながら、墓地にも案内してくれた。ここの墓地に、既に父親を見送った子もいた。皆でその子をまん中に写真をとると、皆しんみょうだった。一つ一つの墓をこれは誰それさんで、仕事中にどうやって死んだのだとか説明してくれた。

洗濯物が頭上いっぱいに広がっている石だだみの村の坂道を下って、教会に入ると、幸か不幸か、ちょうど結婚式の最中で、みないっせいに、どやどやと振やかに入ってきた一連隊を振り返った。私たち一同はあわてて、足音をしのばせて表に出た。それから、村の洗濯場では、女たちが洗濯をしていた。もうフィルムがなくなって写真を撮れなかったので、「誰か、これにスケッチして」と私は云った。すると、子供たちは、皆一枚ずつ、泉や教会や花嫁花婿などを思い思いにスケッチしてくれた。民芸センターでは、私の土産にどのお面を買うとよいかすすめてくれた。中学校の校庭を近道しようと、にぎやかにつっきった時には、教室の窓から中学生たちが「空手」とか「中国人」とかワーワー叫んだ。小学生たちは実に得意げだった。

さて、本文の冒頭にあげた詩はマリア・アントニエッタの友人で、やはりMCEのジャンフランカの子どもたちの作品だ。サッサリ市の郊外にあるこのスラムの小学校の壁には、大きく「平和、パン、仕事、自由」「飢えの政府打倒」と落書してあった。この日、学校に来ない子がいた。ジャンフランカは心配して、帰りがけに、学校のまん前にある長屋に足を向けた。その子と母親が居た。ジャンフランカが「今日はどうして、来なかったのですか」ときくと、母親は息子の頭をさして、「しらみがいたものだから」と云った。彼女は「休ませないで連絡してくれたら、皆で対策を考えるのに」と云って、「明日は待ってますよ」と念をおした。ここはサントウルッスルジュよりもう少しへんぴな所から、生活の糧を求めて都会に出て来た人たちのゲットーだった。帰りは彼女の車に私の他にもう一人小さな乗客があった。市内の医者の息子で、父親がわざ〳〵この学校に通わせているということだった。

マリア・アントニエッタのもう一人の友人ヴィットリアの学校は、市から車で一時間半程離れたペルフガスという村にあった。子どもの親たちは殆んどが牧畜業で、木曜と日曜は狩猟が解禁になるので、猟もやっている、と答えた子もいた。この学校の廊下の壁には子どもたちが描いた等身大の自画像がずらりと並び、色彩もあざやかに躍動していた。それから、ここの校長さんと、その管轄区内の小さな複式の分校二つを訪ねた。道中、この校長さんに、新学区制と教員の身分法が成立すると、「少し変わりますか」と聞くと、運用次第だという。教師や住民の意識次第で民主的にもその逆にも左右されることになるのだろうか。

サッサリ市は流入人口があとをたたず、ベッド・タウンが拡がる一方で、過大学校や二部制の問題もかかえていた。

マリア・アントニエッタに引きとめられて、とうとう四月二五日の解放記念日までサッサリに留まった。映画館を借りて行なわれた解放記念日の集会は各党派合同で、会場は満員だった。サッサリで知りあった人々は、次第に皆集まっていた。デモに参加して、市庁舎前までねり歩いた。またしても小雨だった。

テンピオ

アジウスのアンドレアの所へは、センノリ小のバルビトゥ校長さんがテンピオ市で行なわれる校長の研修会に出向くついでに、同乗させてもらった。バルビトゥさんの子ども二人も同行した。最初は海岸沿いに、カステルサルドの手前から奥に入り、ゴツゴツした岩山の特異な風景をながめていると、アジウスに着いた。そして、すぐに、アンドレアも一緒に、車で一五分程のテンピオ市に向かった。校長研修会の会場の神学校に着いてみると、がらんとして人気がなかった。会が延期とか、とりやめとかのはり紙すらなかった。考えてみると、解放記念日などに人の集まる筈もなかった。アンドレアの家で、大きな犬と別れを惜しんでいる子どもたちを促して、バルビトゥさんが帰って行った。

アンドレアは芸術家風で、小学校の校長さんにはみえなかった。事実、腕のいゝ写真家で、村の結婚式にはカメラマンに早変りするという。

「いつまで居られるかね」と聞かれて、私が「あさって発ちたいと思う」と答えると、「あさってじゃ何も見られないよ、せめて一週間は居なくちゃあ」と云って、さっさと予定をたてはじめた。

シチリア生まれのヴィットリーニのサルデーニャ紀行にこんな文章がある。

「テンピオでは私たちを歓迎したいという土地の人たちとある飲食店で食事をした。弁護士とか市長とかのブルジョア連だった。彼らは私たちがサルデーニャを見にわざわざ本土からやって来た旅行者だということを知って、私たちを彼らのもの、つまり客と考えるのだ。こんな手厚いもてなしはほんとうに私の予期しないことだった。これから先、私たちが逃れることのできない鉄の輪だろう。テンピオからカステルサルドへ知らされ、カステルサルドからサッサリへ、サッサリからマコメールへという具合に、どこに行っても私たちは知らないまに『待たれる客』となっているのだ。心の素朴なあらゆる民族と同様、サルデーニャ人もこの信仰を持っている。だから、彼らの土地では、人は見つけられたらすぐ、もてなしの対象になって手から手へ移ることなしに、自由に歩きまわることはできない。横暴な消耗の必要。[21]」

私の場合も例外ではなかった。バルビトゥさんの手から、今、最も「横暴な」アンドレアの手に渡されたのだった。（未完）

注

（1）　Antonio Gramsci : Lettere dal carcere, Einaudi Editore 1965, pp. 64-65（26 marzo 1927）.

（2）　北部ブルジョアジーによるサルデーニャの経済的植民地化（及びイタリア統一以前の諸侵略者による収奪）に関しては、Gianfranco Pintore : Sardegna, regione o colonia? Mazzotta Editore 1974 Milano が山賊の村として知られるオルゴーソロの場合を中心にあきらかにしている。

（3）　南部問題については、イタリアの現実の政治的、社会的な分析の一つのモデルとされている、グラムシの「南部問題にかんするいくつかの主題」（『グラムシ選集』2、合同出版一九六二年）という模範的な南部論があるが、他に以下の南部論集をあげる。
Bruno Caizzi: Nuova antologia della questione meridionale, Edizioni di Comunità, Milano 1962.
Vito Lo Curto : La questione meridionale, Casa editrice G. D' Anna. Messina-Firenze 1973.
また、南部問題と教育については、Pasquale Perri : Scuola e Mezzogiorno, Qualecultura editrice, 1971. がカラブリア地方を中心に究明している。
（4） Un articolo di Giacomo Cives : Come educa Mario Lodi, ritratto d'un maestro, Paese Sera, 6 giugno 1975.
（5） 前之園幸一郎「Movimento di Cooperazione Educativa の教育理論ならびに教育方法について」明星大学研究紀要―人文学部、昭和五十年三月。
（6） マリオ・ローディの著書は以下のとおり。
Il corvo, (la prima edizione nel 1941) Bemporad Marzocco 1974 in seconda edizione,
Cipi. storia scritta nel 1961 dai ragazzi animati da Lodi.
C'e' speranza se questo accade a Vho, Ed. de "L'Avanti "1963.
Insieme. Giornale di una quinta elementare. Einaudi, 1974.
Il paese sbagliato. Diario di un' esperienza didattica. Einaudi 1975.
（7） 前之園、前掲論文、一三四頁。
（8） Bruno Ciari : Le nuove tecniche didattiche, Editori Riuniti, 1961.
（9） Bruno Ciari : I modi dell' insegnare, Ed. Riuniti 1972
ブルーノ・チャーリには他に、La grande disadattata, Riuniti 1973. があり、ここでも教育内容が論じられている。
（10） 前之園、前掲論文、一三四頁。
（11） 同上。

（12）Luciano Gori : Tutti uniti, Emme Edizioni 1973.

（13）Fiorenzo Alfieri :Il mestiere di maestro, Emme Edizioni 1974.

（14）Gianfranco Pintore, op.cit. p. 14.

（15）同上。

（16）G・フィオーリ『グラムシの生涯』（藤沢道郎訳）平凡社、昭和四七年、九五頁。

（17）一九七四年五月一二日の国民投票のことで、保守勢力がまきかえしをはかったが、結果はNOに投票した離婚法廃止反対派が約六割を占めて、離婚法は存続することになり、革新陣営の勝利であった。

（18）全国文盲追放同盟 Unione nazionale per la lotta contro l'analfabetismo は一九四七年、アンナ・ロレンゼットAnna Lorenzetto ら七人の有志によって創設された。この同盟によって一九四九年以降に作られた南部各地の、初期の人民文化センターの様子については、UNLA : L'educazlone degll adultl, La nuova Italia Editrice 1953. に詳しい。

（19）サントウルッスルジュの人民文化センターの活動について、UNLAから詳しい報告書か出ている。I centri di cultura popolare:Realtà e problemi dell'educazione degli adulti. 46-47.Unione nazionale per la lotta contro l'analfabetismo, luglio-otobre 1971.

（20）フィオーリ、前掲書、一二五頁。

（21）Elio Vittorini : Sardegna come un'infanzia, A. Mondadori Editore 1973, p. 28.

人文学報　教育学⑾　首都大学東京　一九七六年

3

人権と教育

ドン・ミラーニの業績と社会背景
——『イタリアの学校変革論』訳者解説

イタリアの教育事情と本書の歴史的意味について

この本 Scuola di Barbiana ; Lettera a una professoressa, Libreria edirice fiorentina, 1967が出版された時、イタリアでは珍しく二ヵ月で一万部という驚異的な売行きを記録した。それから一二年の歳月が経ち、学校と社会の状況は変った。本書が出版された一九六七年五月というと、六〇年代末から七〇年代の初頭にかけて世界各地で学園紛争が頻発した時期の前夜にあたる。事実、イタリアでは六七年秋から六八年春にかけて、大学はかつて前例のない危機に見舞われ、学生の闘争はまもなく大学の壁を越えた。それは教育制度のみならず、思想と行動様式全般に関わる政治的、文化的闘争として世の関心の的となった。

学校教育の社会的選別機能の犠牲となった落ちこぼれの子どもたちが書いた公教育の教師たちに対する告発の手紙という、ユニークなスタイルの本書は、このような社会的状況の前夜にあって、イタリアの社会構造の階級的性格をあますところなくとらえて、痛烈な批判の矛先を教育界にむけた。そして、衝撃的な反響を呼び、六〇年代末の闘争に先駆的役割を果した。学生運動が進展するなかで、本書は運動を進めるにあたっての討論、現実分析の素材として集団のなかで学習され、一部の教師たちや左派の運動組織にも賛同を得て、さらには労働者の学習権獲得の闘争にも結びついていった。

それというのも、イタリアの社会構造の階級的性格のゆえに、抑圧された貧民大衆の社会的疎外の状況を、本書が教育の機会均等という憲法に規定された学習権保障の主張を中心にすえて、抑圧された者の解放のために、怒りをこめて訴えていたからであった。

ところで、本書を理解するためには、まず、日本と事情の異なるイタリアの教育制度を一通り心得ておくことが必要に思われる。イタリアでは戦後、教育改革の歩みはかなり難航し、ほぼ戦前と同じような複線型の制度に代って、一九四七年憲法に保障された一四歳迄の義務制の新制統一中学校が発足したのは、ようやく一九六三年度からであった。それまでは、一般大衆の子弟にとって、学校と言えば、小学校五年間が普通であった。中学校はそれ以上の学校へ進学するための、選ばれた者のための学校であった。一九六三年以後の現行の教育制度は、小学校(六歳から)五年制、中学校三年制が基礎学校として、すべての者に共通の教育となっている。この上の後期中等教育は現行ではまだ旧来の複線型で、五年制の文科高校、理科高校、技術高校(農業、商業、測量、工業、航海、女子)と四年制の美術高校、師範高校、職業高校がその主なものである。師範高校は初等学校の教員養成機関である(中等教育以上の教師の養成は大学で行なわれる)。

しかし、目下、長年の論争の結果、新制高等学校法案が議会で審議中であり、最終的なつめが急がれている段階で、一九八一年度以降、統一五年制の高等学校が実現する見通しである。エリートの高等教育進学のための一般教養の学校と、中間層の就職のための職業技術学校の複線型二重構造が、イタリアの教育史上、今はじめて統一されようとしているのである。

その主な骨子は統一五年制で、最初の四年間は一般教養であるが、二年生から次第に選択の幅を広げながら、最終学年は専門的性格を有する。進路は⑴芸術、⑵言語・文学、⑶数学、物理、工学、自然学、⑷社会科学に大別され、音楽については、第一学年から専門活動が始まる。さらに、勤労学生のための夜間学校も開設される。また、労働者の有給教育休暇制との関連で、高等学校は、同時に社会教育機関としての性格も有することになる。この改革により、義務教育は一五歳迄に延長される。

さらに、高等教育のレベルでは学科設置等を含む大学改革法案も審議が進行中であり、すでに若干の条項は承認されている。このようなめざましい改革の動きを見ると、確かに十年一昔の感があり、イタリアでもようやく、戦後、憲法に保障された教育権が現実の改革に結実しようとしている。こうして、反権威主義、階級選別に対する闘い、民主的参加という六〇年代末の闘争の理念の成果が、広く国民の共通の教養を形成するために根をおろそうとしているといえよう。

また、これに先だつ一九七四年六月には、委任令 i decreti delegati により、学校と行政の関係が変化することになった。すなわち、この制度は学校管理を中央集権的行政にのみ委ねるのではなく、教育の各レベルにおいて、自治体と住民、教師、学生の参加による合議制をしいて、教育の自由と自治の原則の下に、教育行政の民主化をはかろうとするものである。現在、試行錯誤の中で、学校を単なる文化の伝達機関にしておくのではなく、共同体として生きた機能を持たせるために、新しい学校の管理が問われているというわけである。

だが、果して、その後、学校はどのように変ったのか。この新制度はなかなか期待どおりには実現されず、それぞれのレベルでの怠慢により組織は拡張されず、中央集権的行政の構造はそのままに残っている。その上、一方では、青年、特に、知識人の失業はますます深刻化し、社会からの疎外、犯罪、麻薬等、青年の社会参加の不安定性、不確実性に由来する社会的危機も依然として根深いものがある。

確かに、この十年間に国民の教育要求は高まり、中学入学者は一〇〇%に近づいているとはいえ、国勢調査の示すところによると、七四―五年度及び七五―六年度中、中卒資格を得ずに学業を中途で放棄した者はイタリア全体で六・八%、北部では一・一%、中部五・六%、そして南部では一八・一%という高率になっており、義務教育がまだ形式的なものから脱皮し得ていないことを示している。つまり、たとえ、一四歳迄学校にいたとしても、本書でみるような落第の実態は相変らず継続しており、中学三年生になる以前に就労年齢（一五歳）に達してしまう子どもたちが少なくないのである。例えば、一九七一年公教育省の新教育計画案は一九七四―五年度の予測を次のように見越していた。すでに小学校一年生から五―七%の留年者を見越し、相変らず、各学年とも落第生を生み落とし続け、中学校卒業者は八年前に小学校一年生に登録した者の七〇

—七五％にしか到らないというのである。

最も先進的な北部のロンバルディア州でさえ、州の統計によると、七五—七六年度に正規の進級者は七八％であり、一九・八％の遅進者があり、一％の先進者（本文参照）もある。また別の統計によると、半数以上が一度以上の落第を経験しているという。（Giorgio Bini; La selezione di classe nella scuola di base, nella《Riforma della Scuola》giugno-luglio 1977）

さらに、ここで、南部問題にも一言ふれておかなければならない。北部の工業を中心とする資本主義の発達とともに、国家統一以来、後進農業社会として北部資本に搾取されてきた南部は、ますます北部との格差を大きくしながら、外国への移民、出稼ぎ、北部への移住によって社会構造の変容を促進してきたことは周知の事実である。こうして、戦後、急速に、地方的、農業主導型社会から都会的、工業主導型社会へ移行するに従って、ますます南部社会は近代的発展から取り残されて、教育の分野でもここに見たような著しい南北の格差を生み出しているのである。

以上に指摘したように、バルビアナの学校の生徒たちが提起した学校教育の選別者としての役割は、今日、落第者数が相対的に減ったし、義務教育在学者数が著しく増大したとはいえ、依然として、イタリアの現実の問題として存在しているのである。

さて、ここで、イタリアの学校に特徴的な授業時間のことにもふれておく必要がある。小学校から高校まで、一般に授業は一二時半〜一時半におわってしまう。したがって、学校で過ごす時間よりも、家庭で過ごす時間の方が圧倒的に多い。当然のことながら、家庭環境の差が、そして、そこで子どもたちをとりまく文化の質の差が、子どもの教養の差となって端的に現われる。余裕のある家庭ではわからない子に家庭教師をつけることもできるが、貧困家庭では野放しである。そのような理由から、本書では、放課後補習の効用が強調され、さらに、全日制学校を具体的な改革案として提示している。

一九六二年一二月の新制中学校法では週一〇時間以上の放課後補習《ドポ・スクオラ》が設けられることになっていた。その目的は補習と自由活動のためであり、無償で、生徒の通学は任意とされている。本書に指摘されているように、発足当初はあまり活発な取り組みが行なわれていなかったが、学園紛争以後、若干の教師たちの積極的な取り組みから発展して、任意通学ではなく、すべての子どものための全日制教育運動として、今日では広範な運動に広まりつつある。全日制《ピエノ・テンポ》は単に学童保育的に子どもが学校にいる時間を延長する放課後補習とはちがって、また形式的な教育の機会均等を提供するのではなく、とくに、社会的諸活動を重視する教育方法・内容により、人格の調和のとれた発達を促すことに基本的な意味があるという考え方に根ざしている。そして、午前中のカリキュラムをも含めて、教育課程の再編成をも意図している。

七〇年代には全日制の実験もかなり普及して、小学校でも試みられるようになった。実際には、全日制を実施している小学校を出た子どもは的確な表現能力に欠けているとか、個人的な考察あるいは学習に不適であるとかの批判もなされている。これは、全日制の原理に欠陥があるのではなく、その実践に問題があるのだという見解もあり、いろいろな試行錯誤のうちにも、七四―七五年度には二七五校で全日制が実施されており、次第に定着していく方向性をここに見出しても大きなあやまちを犯すことにはならないであろう。このような意味でも、バルビアナの学校の問題提起が、現実のイタリアの教育改革に及ぼした影響は大きいし、時代に先駆けて、共同体としての全日制教育の実践を行なったことの意味と、そのすぐれた歴史感覚は高く評価されなければならないであろう。

本書の問題提起は、出発点においてちがう子ども達を形式的に平等に扱うことの不平等を指摘したところにあった。一四歳迄義務制無償の公教育は、形式的には憲法に規定された教育の機会均等の理念にのっとったものであるが、現実には、階級社会の構造に由来する抑圧された社会階層の、学齢前の子どもたちが文化から疎外されているという状況があることを忘れてはならない。それは、特に言語の問題に顕著に現われる。子どものおかれている現実の状況――大人との関係、社会的諸関係の中で、学齢期に達するまでの知的、言語的発達の差が、学校教育の場で是正されることなく、ますます格差を広げていくだけであった、これまでの教育のあり方、すなわち不平等な者を「平等」に扱う不正義が批判の対象であった。

まず第一に、教育内容が労働者、農民のためではなく、知識階級のために考えられている、大衆文化の疎外の状況。第二に、すでに見たように、学校での教育時間が短く、学習時間は午後の子どもたちの各自の勉強に委ねられている。つまり、下層階級にとっては子どもは教育的援助のない放置状態におかれている。そして第三に、試験のあり方と落第のシステムが批判される。総合的な試験は小学校、中学校、高等学校の最終学年末に行なわれるが、これらの卒業試験ばかりでなく、進級試験の選別も厳しい。六月の学年末試験に失敗した者には九月に追試験が行なわれる。

ちなみに、バルビアナの学校の生徒の一人は師範学校の試験に落第して、夏中勉強した後、九月の追試験に臨んだ。しかし、結果は六月より悪かった。このことが、彼らがこの『ある女教師への手紙』を書く直接的なきっかけになったのであった。

バルビアナの学校の著者たちと本書の方法論

では、バルビアナの学校とは一体、何だったのか？　まずこの疑問に答える手がかりになる資料をここに紹介したい。それは、イタリアの主要な民間教育団体である「教育協同運動」Movimento di Cooperazione Educativa 略称ＭＣＥの雑誌『コオペラツィオーネ・エドゥカティヴァ』"Cooperazione educativa 8-9," La Nuova Italia editrice, agosto-settembre 1967 に掲載された「バルビアナの学校」という記事である（ちなみに、これは一九七四年、訳者がＭＣＥのリーダーの一人、マリオ・ローディ Mario Lodi 氏のボー小学校をピアデナに訪問した折に、本書の翻訳の件にふれた際に、彼に指摘されたものであるが、また、バルビアナの学校の代表者ミケーレ・ジェズアルディ Michele Gesualdi 氏に面会した時にも、解説に何を書くべきか、と訳者が問うたのに対してこの資料が引合いに出された）。

それは、ローディがＭＣＥの仲間たちにとって、バルビアナの学校を知る上で無視することのできない意味をもつ資料として提示したものである。一九六三年夏に、ローディがバルビアナを訪問した時、バルビアナのサン・タンドレア教会に「追放」された司祭ドン・ロレンツォ・ミラーニ don Lorenzo Milani と、彼と共に学習している子どもたちに教育協同運動の生活綴り方の話をした。これに非常に関心を寄せた彼らに、ローディ先生は自分の五年生の生徒たちとの文通を提案したのである。その後、ドン・ミラーニの協力で、バルビアナの学校の子どもたちからローディ先生の教え子たちに最初の手紙が届いた。

この集団による手紙がどのようにして書かれたかは、ドン・ミラーニがローディ先生宛ての手紙で説明している。

「親愛なる先生、バルビアナ、一九六三年一一月一日

手紙を同封します。この提案をして下さったことを感謝します。というのは、非常にうまくいきました。私は長年学校をやっていて、こんなに完全に、深く、子どもたちと文章を書く技術を勉強する機会を持ったことは決してありませんでした。ですから、私たちにとっては、とても結構ですし、それどころか、私は夢中です。

しかし、あなた方にとっては、この手紙は駄目かもしれないと心配です。この子どもたちの表現力を最大限に正確にすべく研究しているうちに、私たちは少し読者の年齢を忘れてしまいました。それを考えなかったわけではありません。しかし、予想しなかった奇妙な現象が起ったのです。というのは、協同と長時間の熟考の成果で全くこの子たちの作品でありながら、しかも年長

の子たちばかりでなく、年少の子たちの協力で、各人のものよりずっと優る成熟した手紙を生み出したのです。

そのわけはこうです。子どもはそれぞれ使う語彙は非常に限られていますが、大変良く聞き分ける語彙は広範で、それらの価値を評価することはできるのですが、容易に口には出て来ないのです。

子どもたちがそれぞれ二五の提案を大きな声で読むと、必ず誰か（そして必ずしも年長の子たちとはかぎらず）が、たまたま、特に正確であったり、ぴったりした言い回しや単語を言い当てるのです。居合わせる者は皆（書く時には見出せなかったとはいえ）、突然、その語彙が最良だということを理解し、合作の原稿に採用されるように望みます。

こういうわけで、文章が大人のような厳密さと調子になったのです……。

従って、この文章はこの子どもたちのペンや口ではなく、耳の文化水準です。……」

このドン・ミラーニの言葉は、とりもなおさず本書がどのようにして書かれたか（作成の過程については、本文117頁の「つつましい技巧」の項にも説明されているが）を明らかにするものでもある。すなわち、教育方法としての生活綴り方が、教育協同運動の経験をふまえて、ローディとドン・ミラーニの出会いによって、本書を生み出す一つの契機になったわけである。

無論、それはドン・ミラーニの強烈な知的・精神的個性と一貫した人間愛とキリスト者としての信念に基づく指導の下に、この手紙に書かれているような終日、生活を共にする共同体の経験の中からのみ生まれ得たもので、ローディは、この学校に「イタリアの義務教育の中では見出し得ない有効な教育事業のための条件」を見出したのであった。

こうして、毎日五時間以上もかけて九日間の作業の後に出来上ったローディの子どもたち宛の合作の手紙の中で、一二―一六歳の子どもたちはドン・ミラーニの教育をこう語っている。

「司祭は僕らにより高い理想を提示しています。例えば、大きくなったら、教育や政治、組合、布教などに献身するといった、隣人への奉仕に役立てるためにだけ知識を求めるということです。

ここでは、このことをしばしば思い起こし、アフリカ人、アジア人、南部イタリア人、労働者、農民、山地人といった、常に最も弱い者の側に与します。

しかし、司祭は、僕らが話し合うことができないうちは、どの分野でも、隣人に対して何もなすことができないだろうと言います。

したがって、ここでは言語は、時間数では主要な学科です。第一にイタリア語、さもなくば、外国語も覚えることはできないからです。

それから、なるべくたくさんの言語を。なぜならば、世界には僕らだけが居るのではないからです。僕らは世界中の貧しい人々が、お互いに理解し合い、手をつなぐことができるように、言語を学ぶことを望みます。そうすれば、もはや抑圧者も祖国も戦争もなくなるでしょう」

このような思考と表現方法の学習と訓練を積み重ねているうちに、彼らは本文16頁の「作文の法則」の項にあげられているような、誰にでも何時でも通用する表現技術のつつましくも健全な法則を体得していった。こうして生まれた本書はその直裁で、飾り気のないユニークなスタイルによって、まだ文学が大衆のものになっていない当時のイタリアで珍しく、〝新しい文学〟としても多くの読者の心をとらえたのであった。

そして、いまなお、無学な勤労青年たちが有志の学生や勤労者の指導で自主学習グループを形成する時、彼らの民衆学校の最良の教材として、この無名の若い著者たちの作品が愛されているのも、こうした事情によるところが大きい（訳者は七四年にフィレンツェ郊外の丘の上の小さな村で、そんなグループの若者たちと夜半まで本書をテキストに議論する機会に恵まれた）。

さらに、また、中学校のイタリア語の教科書にも本書の一部が採用されていることも付言しておきたい。

解放教育の実践者

ロレンツォ・ミラーニの個人的な生育史を本書の解説に付けることは、明らかに、彼の意に反することになるが、彼の思想形成に関心をもつ者にとってそれを無視することはできない。彼は一九二三年フィレンツェに生まれた。先祖代々著名な学者の家柄で、第一次大戦以前はミラーニ家のサロンはフィレンツェの知識人たちの通ったところであった。父アルバーノ・ミラーニは化学士で詩人、評論家、六カ国語を知る言語学者で、著書こそなかったが、古典音楽を愛し、一九四七年に死んだ。母アリチェ・ヴァイスはボヘミア出身のユダヤ人の家庭に生まれ、非常に教養の高い女性で健在である（訳者は彼女の御好意により、ドン・ロレンツォに関するジャーナリズムの論評の膨大なファイルをその自宅で拝見させて戴くことができた）。

一九三〇年、家族と共に、ミラノに移住したロレンツォは文科高校を一年飛び級で修了した後、四二年ブレラ美術大学に入るが、戦争のためにミラーニ家は一〇月に再びフィレンツェに戻る。ここで、彼は宗教画と典礼に関心を寄せはじめてキリスト教世界に魅かれる。四三年夏、戦火の下で、ドン・ベンシに出会い、カトリックに回心し（七、八歳頃に洗礼は受けていたが）、同年一一月、二〇歳でフィレンツェの神学校に入る。

一九四七年七月、僧職に就き、同年一〇月フィレンツェに隣接する工業都市プラートの近くの住民一二〇〇人の村サン・ドナート・ディ・カレンツァーノに礼拝堂神父として就任する。ここで、早速、労働者や農民の青年たちのために、彼の最初の民衆学校を創設する。そして、五四年一〇月迄、ドン・ロレンツォはここに留まることになる。その間、与えられた使命を果たすために、サン・ドナートの住民を理解することが必要だと考えた彼は、住民の宗教的、社会的研究を個人的ノートとして作成し、後に、これが『牧者の経験』(esperienze pastorali, libreria editrice fiorentina, 1972) として出版される（一九五八年）。

この作品には、サン・ドナートの民衆学校の生徒たちが作品全体の思想的展開と労働者、農民の環境に関する情報の提供に協力している。山からの集団移住についてはバルビアナの生徒たちが協力した。この本が公刊されると、ジャーナリズムのセンセーショナルな評判を集め、それまで未開拓であった教会の内情が衆目にさらされることになった。そこには、何らの異端的立場やまちがえた記述もなく、フィレンツェの教会当局により印刷許可が与えられて出版されたにもかかわらず、一二月には法王庁検邪聖省は「不都合」と判断して発売中止を命ずる。

ドン・ミラーニがバルビアナの司祭に任命されたのは一九五四年一一月のことであった。フィレンツェからおよそ四八キロ、人口四〇〇〇人のヴィッキオの町から、さらに七キロメートル離れたムジェッロの丘の上に孤立した一四世紀の小さな教会に着任するなり、彼は司祭としての生活を山地に細々と生きる住民の子どもたちの教育に献げる決意をした。その後、一九六〇年から病を得て、七年後に――晩年の三年間は特に強烈に苦闘しつつ――白血病で四四歳で死んだ。本書が発刊されて一カ月後のことであった。しかし、この重病もドン・ミラーニの精力的な仕事とイタリアにおけるその存在を妨げることはできなかった。

一九六五年二月には、彼は『トスカーナの従軍司祭への手紙』(《Risposta di don Lorenzo Milani ai cappellani militari toscani che hanno sottoscritto il comunicato dell' 11-2-1965》)を書き、これがまた物議をかもすことになった。というのは、カトリック教会とイタリア国家との協定の記念祭に、トスカーナの一部の除隊従軍司祭が集まって、『ラ・ナツィオーネ』(La Nazione)紙上に声明を発表し、いわゆる「良心に基づく抵抗」を「祖国と戦没者に対する侮辱であり、キリスト教の愛の掟になじまない、卑怯な行為」だとして非難したのに対して、何の反論もなされていないのを知ったドン・ミラーニは、上記の手紙を印刷して、署名入りで従軍司祭や県の教区司祭全員に郵送して反撃した。新聞は競ってこれを取り上げたが、特に共産党の機関誌『リナシタ』（Rinascita）が全文を掲載したので、ドン・ミラーニは『リナシタ』の編集長と共に、退役軍人たちによって、犯罪の弁明をしたかどにより、刑法に抵触するものとして、告訴されることになったのである。彼は病気のために出廷できず、弁明のために、『裁判官への手紙』（《Lettera ai giudici》）を書く。この訴訟の資料集『服従はもはや徳ではない』（Documenti del processo di Don Milani : l'obbedienza non è piu una virtù, Libreria Editrice Fiorentina, 1971）にこれらの声明や手紙と判決文が収められている。

この『裁判官への手紙』は本書と同じスタイルで書かれており、何故、彼が告訴された手紙を書かなければならなかったか、ということが説明されている。バルビアナで、ドン・ミラーニが子どもたちと共同生活をするなかで、子どもたちと共に来訪を受け、新聞や書物や郵便を読み、一緒に手紙を書いていることが語られる。そして、従軍司祭の声明の新聞切抜きを友人が持って来た時、彼は子どもたちに「市民が不正義に対して、如何に反抗するかということを、よく教えなければならなかった。如何に言論や出版の自由を持っているかと、いうことを。如何にキリスト教徒は司祭や司教に対してさえも、誤りを犯す者には反抗するかを。各人は如何にすべてに責任を感じなければならないかということを」教えなければならなかった。

それというのも、司祭であり、教師である彼が、福音書と憲法に基づくキリスト教徒と市民の教育を自己の使命としていたからであった。そこで、彼が「この訴訟の鍵」と呼ぶ「学校とは何か」という根本問題が説明されることになる。なぜならば、教師である彼は、犯罪の弁明をしたかどで、即ち、悪い教育をしたかどで自分は告訴された、と受けとめるからである。では、よい教育とはどのようなものか。学校は制定された法律だけが価値をもつ法廷とは異なる。学校は過去と未来の間にあって、その両方ともに視野に入っていなければならない。教育は「かみそりの刃の上を子どもたちを導くように心配りのいる技術であり、一面では、彼らに適法の感覚を形成し、他面ではより良い法を希求する政治的感覚」を形成しなければならない。

子どもはまだ主権者ではないが、未来の市民であり、潜在立法家である。「そこで、教師はできるかぎり先覚者として、『時代のきざし』を探索し、子どもたちの目の中に、私たちがただ混乱して見ているが、彼らが明日、明らかに見るであろうすぐれたことを予見しなければならない」

したがって、学校も教師もある意味では、現行の法の外にあり、彼を罰することは立法の過程を損うことになる、と彼は説く。ここでは、裁く者と裁かれる者の立場が逆転している。バルビアナの学校が法廷であり、子どもたちと共にイタリア社会の不正な法（平和時には文化、労働、基本的人権さえ保障されない貧しい市民に対して、戦争の際には生命が要求されることを法が認める）を裁く。

「必要な時には、身をもって良心に基づく抵抗を唱えるほど大きな教育はない。すなわち、悪だという意識のある法に違反し、それによって予見される罰を引き受けること。例えば、被告席にある私たちの手紙が学校だ」と主張する。

ここで、私たちがソクラテスの弁明を思い起こしたとしても不思議ではない。事実、彼はより良い法を希求するという「法に対するこの建設的愛の技術を、子どもたちと共に、『クリトン』や『ソクラテスの弁明』、四つの福音書における主の生涯、ガンディーの自伝、ヒロシマの操縦士の手紙を読みながら学んだ」のだから。

さらに、司祭としては、彼はカトリックの伝統的教理にその弁明の根拠をおいている。「非暴力はまだ全教会の公式な教理ではないが、国法に対する良心の優位の教理はまぎれもなく公式のものである」。そして、この『裁判官への手紙』の結びに「私はこれまで教えたことを子どもたちに教え続けるであろうと明言せざるを得ない。つまり、もしある将校が偏執狂的命令を彼らに与えるならば、彼らはただその将校を精神病院につれていく義務があるだけだ」とあるように、彼は兵役そのものに反対したというよりも、良心に基づく抵抗を偏見的に認めようとしない者に対して反論したのであり、その根本的主張は各々の悪い行為に対する良心からの抵抗そのもの、あるいは、国法に対する良心の優位にあった。

続いて、この手紙は「世界中のあらゆる宗教と学校の僧や教師仲間が私のように教えて欲しいと思う」と、自己の教育に対する信念を表明して結んでいる。

六六年二月、ローマ裁判所は憲法第二一条に規定された表現の自由を根拠に、ドン・ミラーニに無罪の判決を下す。長文の判決はこう結ばれている。

「……被告の活動は、不正で危険だとみなして提起された法律の廃止又は修正のための宣伝活動の枠内におさまるものであり、それは、わが国のような自由な国家においては、法の批判力の解明であり、公益を危険にさらしたり、損害を与えたりするものではなく、よりよい法制度のための協力の表現である……」

しかしながら、検事局によって控訴され、六八年一〇月、ドン・ミラーニの死後一年余、告訴された手紙は有罪の宣告を受ける。（Gerlando Lentini : Don Lorenzo Milani, servo di Dio e di nessun altro, Gribaudi 1973）

こうして、ドン・ミラーニは「追放」の地バルビアナに居ながら、一九五八年には『牧者の経験』を公刊して教会を批判し、六五年には『従軍司祭への手紙』で政治、法曹、宗教界に論争を挑み、六七年には本書によってイタリアの教育界に衝撃を与えた。そして、彼の活動の根本には常に教育の問題があった。

それは、一九四七年に彼がはじめて、サン・ドナートの神父となり、教区の住民の生活を見聞して、彼らに「人間にふさわしい言葉、人間にふさわしい関心」が欠けているのを見て、教育以外に司祭としての自己の使命を果たす道はない、と確信した時から、その全生涯を通じて一貫した信念となった。信念とは生き方であり、考え方であるから、その時から、即座に彼の夜間民衆学校がサン・ドナートに開設されることになった。そして、この学校を通じて、生徒たちとの交流、学習の中から、労働者、農民の生活環境についての情報を得、自己のイデオロギーを形成していった。それは『牧者の経験』の第三章「市民教育」に詳細に綴られており、本書の教育思想はすでに、この時期の教育実践と司祭としての経験の中から生み出されたものであった。

彼は、地域の住民の意識や社会環境の具体的調査により、貧困家庭の子弟の学業不振の原因は親が手助けできないことや、家庭に文化的環境が欠けていることにあると知った。

「子どもたちの損害は学校の欠陥にあるのではなく、家庭にある。だから、法的解決を求めても無駄だ。どんな学校の改善策も今でも学校についていける者を優遇することにしかならない。したがって、ますます格差を拡げるだろう」。このような認識に基づいて、彼は教会が貧乏人の母親に代って、高い規律と文化的環境を与えなければならないと考え、子どもたちの午後と休暇、夕食後、日曜日、そして労働者の休日、農民の冬期を占有して、村と家庭に神学校の体制をしくことを考える。すなわち、全住民を神学校に入れるわけにはいかないので、民衆学校が教会に生まれることになったのである。

ここに、すでに、私たちはバルビアナの子どもを落第させた「ある女教師への手紙」として本書を差し向けながら、その扉にあるように、それが父母のために書かれた意味を知ることができるし、教育改革への具体的提言として、放課後補習と全日制が主張される根拠を見出すのである。

いま少し、『牧者の経験』の市民教育に関するノートをめくってみよう。一方には、知性をあまりにも悪用する特権階級があり、他方には、知性をあまりにも使用しない抑圧された者の世界がある。彼らには人間にふさわしい天賦の知性の使用という未来が約束されている筈である。明日、学校があるべき姿になり、真の関心と言語の共通性が得られるようになるまでは、そして、現実にある、この文化的格差の深淵が埋められる日が来るまでは、彼は教師たることをやめられないのである。

労働者や農民が知識階級に比較して劣悪な状況におかれているのは、思想や認識を欠いているためというよりも、自己表現力や他人の思考表現の理解力に欠けているためであり、その格差の決定的要因は、一般教養における言語の習得にかかっている。したがって、人間としての対等性は専門的教養の格差には関わらず、一般教養の共通遺産によって与えられる。そこで、「指導階級になるべき貧民の歴史的使命（固有の人格と天賦の才を失うことなく）を信ずる者は、今とは全くちがった文化を提供しようと願うであろう。というよりも、むしろ、どんな文化も提供することなく、今までとは全くちがった新しい文化創造のために必要な技術（言語、語彙、論理）だけを提供しようと思うであろう」

『牧者の経験』でドン・ミラーニが考え、書きしるしたこれらのことは、本書のライトモチーフともなっている。それはすなわち、言葉による被抑圧者の解放を意味する。それは、知識人がおかされている病んだ言葉、すなわち、人を欺く言葉、真の人間関係を生まない言葉、人を分け隔て、抑圧する言葉ではなく、人間を解放する言葉、人間の前提としての言葉、自覚の形態としての言葉を通じて、人間の尊厳と愛の関係を生み出す可能性——これが彼の一貫した信念であった。(cf. Giampaolo Meucci: Non fuggi in alcun modo dalla realta presente, in《Testimonianza su Lorenzo Milani》Firenze 1971)

ここに、私たちはもっとも正統的なイタリアの古典的人文主義の伝統に根ざした知識人が、特権的知識人＝ピエリーノと抑圧された貧民大衆＝ジャンニの分離という人間的不等性が決して克服されたことのない歴史的現実の中で、ピエリーノたる自己の歴史的使命（消え失せることによって、その魂を救済すること）の自覚に基づき、未来の歴史をになうべきジャンニたちと共に、すべての者に人間の尊厳を保証するための闘いに、ゆるぎなき実践者として格闘した生の軌跡を読み取ることができる。

「私が知っていることのすべては、私が教育した若い労働者や農民に負っている。彼らが私から習ったと思っていることは私が彼らから学んだのである。私は彼らに自己を表現することを教えただけだが、彼らは私に生きることを教えてくれた。この本に書かれたことを考えるように私を導いたのは彼らである。それを教育の本に見出したのではない。書いているうちにそれを学び、彼らが私の心にこれらのことを注いでくれたので、私はそれを書いた」

彼はすでに、『牧者の経験』にこのように書いたが、本書については、晩年の手紙に次のように書いている。

「私の監督（といっても死にかけた哀れな老人の監督）以外は全く子どもたちの仕事です。私はブルジョアすなわち本の著者として死にたくはない。文章を書くには誰にでも何時でも有効な客観的な法則があり、才能も個性もいらないし、作品はその法則に従うほど芸術となり、真実に近づくものだということを誰かにわかってもらえれば嬉しいのです。こうして、労働者階級はブルジョアより良く書くことができるでしょう。そのために私は私の人生を費やしたのであって、ブルジョアに、彼らの一人としてほめそやされるためではないのです」（Lettere di Don Lorenzo Milani, priore di Barbiana, Arnoldo Mondadori Editore, 1970）

これらのドン・ミラーニの言葉はバルビアナの子どもたちの証言と一致している。六七年九月八日、本書がプラート文学賞を受賞した際の『ジョルノ』紙の「今晩、賞を受けに来ますか」というインタヴューに彼らは答える。

「確かに、私たちはそれに値いします。集団的な労苦の成果だったのです。もちろん、ドン・ロレンツォなしでは、あれを書かなかったでしょうが、ドン・ロレンツォだって私たちがいなければ書かなかったでしょう。統計の研究や情報、心理的な注釈は私たちが与えたものだし、私たちは長時間議論しましたし、しばしば、私たちは彼の意見を訂正しました」（Intervista da Giorgio Bocca sul《Giorno》9-9-1967）

この一四歳から一九歳迄の八人の著者たち（女子二人）は六七年七月『エウロペオ』誌の座談会で次のように語っている。

「議員や大臣を動かすために書いたのではない。親たちにむけたのは組合に結集してもらうためで、そうすれば、私たちは圧力の手段を手に入れられるからです。教育内容について、私たちは議論した。もし、私たちの指摘がいくらか受け入れられて、いくらか内容が変ったら、すでに相当な前進だし、今は息づまりな学校でも過ごせるようになるでしょう」

「教師と親たちの反応を期待しているのです。朝から晩まで社会を変えようと主張しているのじゃない。ふだん気にかけない多くのことについて考えてもらいたいのです」

「例えば義務教育は落第させてはならない。馬鹿を進級させよ、というのではなく、馬鹿を生み出してはならないという意味です」

「親たちが動いてくれることを期待しているのです。教師が本当に役に立つ教育をするようにして欲しいのです。特に労働者や農民の親たちに。まちがいだらけの答案を見せられて黙っている親たちに。生徒が沢山まちがえるということは、教師が教え方を知らなかったということです」

「だからといって、教師を裁いているのではなく、体制が悪いのです。教師を攻撃するのは、ただ、彼らが目をつむって、結果を考えずに、体制を受け入れたことについてだけです」

「もう一つの告発は彼らが逆の選別をしなかったことについてです」

「それに家庭教師をして、まちがえた選別を助長したことです」

「私たちにとって、学校は学校以外では教育を受けられない者たちに気を配るところです。彼らの教育は坊ちゃんたちのとはちがっていなければならない」

「ドン・ミラーニは理性を用いて、人間として判断することだけを僕らに教えてくれました。学校は人間と動物の唯一のちがいです。教師は信じ、愛し、希望していることのすべてを子どもに与えます。子どもは成長して、そこに何かをつけ加え、そうして人類は前進します」

ちなみに彼らの年齢は以下の通りである。エンリコ一七歳、カルラ一五歳、グイド一六歳、オルガ一四歳、ジャンカルロ一五歳、ルチアーノ一九歳、エドアルド一六歳、フランクッチョ一七歳。この他、本書の協力者としてミケーレ一三歳（元生徒、組合活動家）とアデーレ・コッラーディ先生（ムジェッロ中学校教師）があげられている。（Riportata da Giorgio Pecorini nell'《Europeo》, 27-7-67）

＊　＊　＊

一年がかりで書かれたこの『手紙』が公刊される頃、ドン・ミラーニはバルビアナからついにフィレンツェの病院に移り、一カ月後自宅で亡くなった。バルビアナの子どもたちは山を降りた。彼らは皆組合や工場で技術者として、または教師になるために働いている。バングラデッシュで働いている者もいる。しかし、翌年までは、しばしば日曜日にバルビアナに集まり、議論したり、夏にはよその若者たちも来訪して、キャンプをしたり、学習したりしていた。秋にはバルビアナの学校はカレンツァーノに引越した。ここで、バルビアナの元生徒たちは友人たちと共に子どもの放課後補習と大人のための民衆学校を始めた。この学校は七一年まで続いた。

一方、イタリア労働組合連盟ＣＩＳＬの活動家となったミケーレは六九年からセスト・フィオレンティーノでも、仲間たちと労働者の教養のために、組合活動を中心に民衆学校を開いた。この学校は毎晩八時から一一時まで（土曜日は三―七時）、一八歳以上の労働者にかぎり、教師も生徒も無償で、二年制の組合学校である。ＣＩＳＬ組合から月二万リラの経費補助を受けている。年に二〇万、町からの補助も出ている。生徒一〇〇人中三〇人は組合活動家からなる。この話を訳者は七四年にこの学校で夜一一時に授業がおわった後で、ミケーレから聞いた。この学校の特徴を彼は㈠目的が明確なこと――組合、㈡階級意識が明確なことだ、と語った。学校の一室には、バルビアナの学校に関する資料が展示してあった。まさにドン・ミラーニの弟子であった。今でも、日曜日には年老いた父母とバルビアナに行って畑仕事をしているということで、訳者はある日曜日にバルビアナを訪ねた。学校はそっくりそのまま残っていた。古ぼけたガタガタの机、工作室、藤棚、プール。それに、ドン・ミラーニの希望で、ここには彼の墓があり、今でも時折訪れる人が後をたたない。

バルビアナの学校に共鳴して、同様な実践に取り組んでいる神父もいる。ジェノヴァに近いラ・スペチア県のヴァレーゼの山中カッセゴという七〇〇メートルの高地の小さな村である。人口一〇〇〇人（うち学校の周囲には二〇〇人）、四分の一が老人という過疎地で、零細農業、牧畜を営む家がこの学校から数キロ隔たった山間に、点在している。このドン・サンドロ・ラゴマルシーニの学校は朝八時半から夕方六時まで、午前中は中学校の落ちこぼれ八人のみ、午後になると、小学生三人が放課後補習に加わる。この学校の扉には「政治を知らない者は無学だ。政治に携わらない者はエゴイストだ」と書かれている。ドン・ミラーニの市民教育を受けつごうとしているドン・サンドロは七四年六月、ここで、一週間、この学校の生活を共にした訳者にこう語った。

「ドン・ミラーニは農民文化を否定していた。おそらく、農業に未来が託せなかったからだが、もう、その時期は過ぎた。文化（ブルジョアの）は手労働からの解放を意味するというのは先進資本主義の欺瞞だ。私は子どもたちの未来をこの土地に結びつけようと教育しているのではない。彼らの未来は彼らがきめる。ここの子は家事手伝いに出稼ぎに行っても、夜は保母になるために勉強しているし、ここに来るまで野生児だったセルジョは田畑をたがやし、都市公害を皮肉っている。ここの教育目標は土地の日常語の生きた表現の自由を大幅に尊重しつつ、イタリア語を中心に、子どもたちに自己主張ができるように訓練することだ。これは民主的共存と社会構造の改善のための闘いだ」

労働者・農民に学ぼうとしたドン・ミラーニをこう評価するのは、少し言い過ぎかもしれないが、ドン・サンドロは農民の出身であり、農民の中で生き、地域の行政、組合、住民と共に生きていく姿勢がここに感じられる。ドン・ミラーニが期待していた司祭＝教師の姿であることはまちがいない。このドン・サンドロの最後の言葉には、特に、時代の変化が読み取れる。

バルビアナの学校の問題提起は確かに、七〇年代の教育改革の原点に位置づけることができるし、教育課程と教員養成の問題を中心に、八〇年代に残された課題も大きい。すなわち、本書の問題提起は、㈠学習権をすべての者に保障することであり、㈡そのための構造改革と教育内容、方法の革新により、落ちこぼれを生み出さないことであり、㈢学習過程を具体的生活状況の中で真に子どもの要求にみあった（心理的、社会的、教育的に）ものにして、自発的な学習意欲を生み出すことであり、㈣これらの要請にみあう充分な教育時間（現行の一日四時間ではなく）を保障することである。㈤そして、何よりも、このような緊急の課題に立ちむかうことのできる自覚的な教員の養成が今後の重要な課題として残されている。

＊　＊　＊

ドン・ミラーニの著作には、以上にあげたものの他に、次の二つの書簡集が死後、刊行されている。

『ドン・ロレンツォ・ミラーニ、バルビアナ教区司祭の手紙』Lettere di Don Lorenzo Milani, priore di Barbiana, Arnoldo Mondadori Editore. Milano 1970.

『お母さんへの手紙』Lettere alla mamma, Arnoldo Mondadori Editore, Milano 1973.

ドン・ミラーニに関する評論は枚挙にいとまがない程多数出版されているが、その主なものを以下にあげる。

Roberto Mazzetti, Don Lorenzo Milani e Don Zeno Saltini fra contestazione e anticontestazione, Morano-Editore 1972.

Nazareno Fabbretti, Don Mazzolari e Don Milani, Bompiani, Milano 1972.

Virgilio Zangrilli, Pedagogia del dissenso, La Nuova Italia Editrice, Firenze 1973.

Gerlando Lentini, Don Lorenzo Milani, servo di Dio e di nessun altro, Gribaudi 1973.

Giampiero Bruni, Lorenzo Milani profeta cristiano, Libreria Editrice Fiorentina 1974.

本書は、六〇年代末から七〇年代の初めにかけて、一三カ国語以上の諸外国語にも翻訳されている。訳者が最初の訳稿を準備してから、実に七年の歳月が過ぎてしまった。当時、出版することができていたら、どんなによかったことかと思う。訳者の非力のせいで、こんなにも遅ればせで公刊されることを何よりもバルビアナの友人たちと日本の読者の方々におわびしなければならない。それにしても、日本の文化をになう、数多くの名だたる出版社で、半年から一年以上も置き去りにされたすえに再三断わられたのである。これに比べて、いち早くペンギン社から七〇年に出版された英語版には、イギリスの元文相でリード大学副総長のエドワード・ボイルが含蓄に富むあとがきをバルビアナの学校に対する返書として寄せていることを付記しておきたい。日本ほど読書人口の多い出版及び教育大国で、これは何を意味するのだろうか。識者の御一考を促したいところである。

なお、本訳書は一九六七年五月にフィレンツェで出版された初版イタリア語版より翻訳したものであるが、印刷の都合上、第一部の統計の章に挿入されている色表（八色刷り）とその説明の項を割愛せざるを得なかった。しかし、第三部資料編の統計表は全部そのまま集録した。今日の時点では、古いデータになってしまっているとはいえ、本解説(一)の教育事情を参照してみると、相対的に落第者は減少しているが、なお引き続き今日の問題でもあり、著者たちが本文以上に説得力をもつデータとして、自ら足を運び、アンケートをとり、数十の統計年鑑を駆使して自分たちのものに消化した労作であり、これによって、彼らはイタリア自然科学協会から例外的に受賞もしており、ボイルはこれらの統計分析に裏づけられた本書はその主張において、イギリスの教育に関するクラウザー、ロビンズ、ニューサム、プラウデン等のレポートよりも成功していると書いている。すべての者に真に学習権を保障するための本書の主張に欠かせない資料という意味で、省略せずに全部集録した。

訳出にあたっては英語版 Letter to a teacher by the school of Barbiana, translated by Nora Rossi and Tom Cole. Penguin Education 1970とフランス語版 Lettre a une maitresse d'ecole par les enfants de Barbiana, traduit par Michel Thurlotte, Mercure de France 1972を参照した。

訳出にあたって、日本とイタリアの数多くの友人や諸先生方にお世話になり、御教示、御協力戴いたことを心より感謝しつつ、あまりにも大勢の方々の御援助を戴いたのでバルビアナの無名主義にならってお名前は省略させて戴き、最後に快く出版を引き受けて下さった明治図書の木田編集部長と桜井芳子さんに感謝の言葉を捧げたい。

一九七九年一月二二日

『イタリアの学校変革論――落第生から女教師への手紙』訳者解説　明治図書　一九七九年

比較教育の試みは私たちの生活環境とは異質な文化的、社会経済的背景をぬきにしては語れないし、その具体的な姿を理念と内実にわたり明確に理解することは容易なことではない。戦後イタリアの人権教育の軌跡をたどるために、ここではなるべく自由に具体的実践にそくしてその系譜を明らかにしたい。

子どもたちは主権者になれるか

一九九一年九月六日早朝、ボローニャを出発した私は、その二時間後にはファエンツァ経由でヴィッキオというトスカーナ地方の小さな町に到着した。ここで二日間にわたって開催された『子どもたちを主権者に仕立てよう』というテーマの教育会議に参加するためだった。会議の案内には（このテーマは）「バルビアナ学校のユートピアか、それともどんな教育活動にもよりどころになり得るか？」という副題がついていた。

バルビアナ学校というのは、一九六〇年代にカトリック司祭ドン・ミラーニがイタリアの公教育から落ちこぼれた子どもたちを集めて、ヴィッキオからさらに七キロ離れたムジェッロの丘の上に孤立したバルビアナの小さな古い教会の寺子屋で行なった人権教育である。

このバルビアナ学校の子どもたち自身による教育実践記録が、ドン・ミラーニの指導で一九六七年に『先生への手紙』と題して出版され、ベスト・セラーになった。その頃、私はローマ大学に留学していたが、どこの本屋でもこの本は山積みにされていた。私はこの本を後に翻訳し、訳書は『イタリアの学校変革論―落第生から女教師への手続』という題名で一九七九年に刊行された（明治図書、シリーズ世界の教育改革8）。

その時、この本の解説で、私は㈠イタリアの教育事情と本書の歴史的意味について、㈡バルビアナ学校の著者たちと本書の方法論、㈢解放教育の実践者、と三節に分けて、この本が出版された当時のイタリアの社会状況を戦後イタリアの教育改革との関連で分析し、ドン・ミラーニの人権教育の意味づけを行なった。しかし、この訳書が刊行された七〇年代末には、日本の人権教育はまだ今日ほど意識化されて取り組まれていなかったせいか、数多くの書評がなされたにもかかわらず、本書の受けとめ方は浅く、表面的で制度的なちがいから落第問題や作文教育といった次元でしか理解されていなかったのは残念なことだった。だが、戦後イタリアの教育史はこの本をぬきにしては語れないし、それは、とりわけイタリアの人権教育の原点に位置づけられるといっても過言ではない。

ドン・ミラーニはイタリアの義務教育段階で落ちこぼれた子どもたちに主権者としての教育を試みつつ、イタリアの公教育が選別の機能を果している情況を批判して教育界に論争を挑み、その人権教育は学園紛争の前夜にあって、教育改革論争の端緒に位置づけられた。この本が当時イタリア社会で果した意味は本書の解説に譲るとして、今、ヴィッキオのドン・ミラーニ資料センターやバルビアナの友人たちによって、冒頭にのべたこの会合が開催されたということは、とりもなおさず、イタリアの人権教育の現在を探る一つの手がかりを提供するものにちがいない。この会合のパンフには「教師や親ばかりでなく、教育関係者または市民としてそれに関心のある人なら誰にでも開かれた研究集会」とある。村の小学校の体育館で参加者百人ほどのささやかな集会ではあったが、この会合はこのような前提を分かちあう人びとのフランクな親密さにあふれていた。私もここで何人かの旧知のイタリアの友人たちに出会った。

バルビアナ学校の元生徒フランコ・ジェズアルディの「この会合はどうして生まれたか、そして何の役に立つか」という講演と他のいく人かの講演者による社会情況分析や理論的提案にはじまり、午後は七つの分科会に分かれて「事態を変えるために各自、具体的にすぐに何ができるかを示す」ことが主な取り組みであった。その主な柱は

㈠　教育内容・方法

言語を教える意味

新聞を読む

集団で書く

経済の教育

どんな歴史・地理教育か

（二）　みんなのための学校

選別のない義務教育をどのようにしてつくるか

公教育とはちがった教育の実態との比較

（三）　構造としての学校

フル・タイムの問題

開かれた学校—ほんとうに親や市民が誰でも入れるか？

中央集権的文部省のカリキュラムと教科書は役に立つか？

教員養成

閉鎖的構造

といったもので、それはまさにドン・ミラーニの教育論に照合していた。私が参加したのは「みんなに開かれた学校」の分科会で、十人くらいの出席者のうち、後述する元小学校教師で『わたしたちの小さな世界の問題』（拙訳・一九八八年晶文社刊・原題『まちがった村』）の著者で教育評論家のマリオ・ローディが司会し、戦後一貫した統合教育の実践家として著名なリミニの私立学校経営者でスイス人のマルゲリータ・ゼベリやフィレンツェ大学の教育学者タッシナーリやルーチョ・デル・コルノも出席していたし、ドン・ミラーニの生徒の一人で今は病院勤務のフランコ・ブージの他、地域の父母などもこの分科会に参加していた。

私は帰国まぎわで、最後まで実質的な作業ぶりをつぶさにみられなかったのは残念だったが、きっと夕食後も翌日も討論がはずんだにちがいない。この会合自体、ささやかながらドン・ミラーニの教育実践が今もなお、その生徒たちと友人たちによって継承されていることのあかしであろう。新しい歴史を開く人権教育がこのように目立たない地道な日々の教育実践に支えられているのは、どこの国でも同じではなかろうかと思った。

『わたしたちの小さな世界の問題』

ドン・ミラーニはバルビアナ学校で公教育から落ちこぼれた子どもたちに自分たちが置かれている状況を自覚させ、市民=主権者としての人権教育を行なうことを教区司祭の自己の使命とした。一四歳まで義務制無償の公教育が形式的には憲法に規定された教育の機会均等の理念にのっとっていながら、現実には階級社会の構造に由来する抑圧された社会階層の、学齢前の子どもたちが家庭で文化から疎外されている状況（特に言語の問題に顕著に現われる）や、子どものおかれている現実の状況、大人との関係、社会的諸関係のなかで、学齢期に達するまでの知的、言語的発達の差が、学校教育の場で是正されることなく、ますますその格差を広げていく形式的平等主義の教育内容や方法、試験制度について、バルビアナの一二歳〜一六歳の子どもたちは自らの体験に基づき討論し、調査し、新聞や資料、統計年鑑で学習し、彼らを落ちこぼした先生への合作の「手紙」という形で公教育の問題点を指摘し、それにかわる新しい学習として、真に子どもたちが主権者に育つような人権教育を実質的に保障することができるように、具体的な提案を主張したのだった。

その問題提起は㈠学習権をすべての者に実質的に保障すること、㈡そのための構造改革と教育内容・方法を革新して、落ちこぼれを生み出さないようにすること、㈢学習過程を具体的生活状況の中で真に子どもの要求に（心理的、社会的、教育的に）みあったものにして、自発的な学習意欲を生み出すこと、㈣これらの要請にみあう充分な教育時間を保障すること、㈤そして何よりも、このような緊急な課題に立ちむかうことのできる自覚的な教員を養成することであった。

そしてこの『手紙』を書くのに用いられた方法論はどのようにして生まれたかというと、先述の、ピアーデナの小学校教師であったマリオ・ローディがバルビアナ学校を訪問した折に、彼らに、イタリア教育協同運動で行なわれている作文技術と学校間通信を紹介し、試みにローディのクラスと文通してみようと提案し、それがきっかけとなって、この本が実った。その事情は『イタリアの学校変革論』の解説および、ローディの『わたしたちの小さな世界の問題』の解説に詳しく書いたとおりである。

イタリア教育協同運動とマリオ・ローディの教育実践は一九七〇年に発刊されたローディのこの教育実践記録に詳しいが、この本がイタリアの教育界にもたらした影響もまた、バルビアナに優るとも劣らず、はかりしれないものがあった。ローディは学級活動を共同組合として構成し、真に子どもたちが主体者として学習を展開できるような共同体を組織し、自らは子どもたちの学習条件の整備やアニメーターとしての役割を引き受け、学級を子どもたちの自主運営に委ねている。『わたしたちの小さな世界の問題』の翻訳にあたって、私はローディに「日本の読者へ」の手紙を要請し、本訳書の冒頭にかかげた手紙をもらった。そこには以下のように書かれている。少し長いが引用させていただく。

「六年前、公立の小学校を辞任退職したとき、私にとって意義深い二つの出来事がこんなに早く起ころうとは想像していませんでした。

その一つはイタリアの小学校の新指導要領です。その中に私は、私の小学校教師としての仕事の基礎をなしていた原理と方法論を見出しました。私や他の教育協同運動の教師たちにとって、ファシズムの崩壊後に発布された新憲法の諸原理を教育の仕事におきかえることは容易なことではありませんでした。すなわち、それは思想と言論の自由、諸権利・義務の平等における人格の尊重、競争のかわりに協同、子どもの表現力・創造力・論理的社会的能力を解放しつつ文化を生産するということです。その障害は、学校の古い構造、自分たちが体験した学校のモデルを自分の内にかかえている若干の親や教師たちの保守的な考え方、問題をかかえこみたくない校長たちの反対などでした。今、新指導要領は教育科学に支えられて、それらの思想や教育方法を受け入れて、すべての教師に提案しています。……」

このような教師たちの努力と日常のたゆまぬ実践の成果に裏づけられて、一九八五年の新指導要領はローディの手紙にあるようなすぐれた内容となり、それを実効的なものにするために一九九〇年の新小学校法と相まって、真に子どもの学習権を保障するために柔軟な規定になっている。

小学校新指導要領と小学校法

新指導要領の前文には「憲法の諸原則と世界人権宣言、児童憲章にしたがって、人間と市民の形成を目的として、他民族の理解と協同のために働く」とある。家庭やより広範な社会的共同体との相互作用による民主的参加の原則、共同福祉への参加による民主的共存の教育、宗教的信条の尊重などが規定された。学校は子どもたちが直接的活動や計画、実証、探究、反省、個別学習の能力に習熟し得るような「教育的学習環境」と規定され、教育力としての創造性、障害児への配慮、柔軟な学級編成、複数担任制、合同学習など、ローディや教育協同運動の教師たちが長年の実践で取り組んできた成果が盛りこまれている。

一九八五年に公布され、八七年の一年生より順次実施された新指導要領に適合する法的、行政的措置として発布された一九九〇年の新小学校法は、教育課程のみならず教員研修も含む広範な改革である。教育時間数の延長、複数担任制、教科書と評価表の再検討、大学における教員養成、現職研修など、地域格差の大きいイタリアの学校の多様な実態に配慮した柔軟な規定がなされた。しかし、大学レベルの小学校教員賛成はまだ実現されるに到っていない。

新学制の目的は第一条第一項で、「小学校は義務教育の枠内で、憲法の諸原理に基づき、諸個人や社会的、文化的な多様性を尊重、評価しつつ、人間と市民の形成に協調する。初歩の文化的識字化を助長しつつ、子どもの人格の発達を意図する」と規定され、第二項で「小学校は幼児学校や中学校と教育学的、教育課程的、組織的連絡の形態を通しても、教育過程の連続性を実現するように寄与する」と規定された。以下、第二条では教育の連続性、第三条、学級編成、第四条、教員組織、第五条、教育計画と組織、第六条、障害児のための介入、第七条、教育活動の時間割、第八条、延長時間の計画、第九条、授業時数、第十条、外国語教育、第十一条、生徒評価、第十二条、研修計画、第十三条、学習指導要領の吟味と調整、第十四条、私立学校、第十五条、段階的措置、第十六条、財政的規定。

これらの諸規定のうち特筆すべき点は、第一条で規定された幼、小、中学校の連携のために、家庭や地域社会との協力が合議機関や地域の管轄機関の活用という形で規定されたこと（第二条）、通常、学級定員二五名のところ、障害児のいるクラスは二〇名（第三条）で、障害児四人に補助教員（五年の経験後、通常の勤務可）一名（第四条）と規定された。また、各教師の週授業時間数（授業二二時間プラス指導計画二時間）を補強するために二クラスにつき三教員に強化されたが、これは週二七〜三〇時間に延長された教育時間に対応するもので、教員数の増加によって新指導要領の要請する各領域の専門性、教育活動、計画や生徒評価の共同責任がより高まった。しかし、財政負担軽減のため三クラスにつき四人の教員が配置される場合には、ときに複数の教場や学校にわたり不都合なことも生じる（第四、第五条）。

教育の自由の擁護に関して、教育計画は教員会議の承認により、子どもの実質的能力と学習要請に適した計画を目標に、各学年の教師たちの専門性と合議に委ねられる。第一、第二学年は教育課程の統一性と導入のために各クラス主担任一人に委ねられる。各学年の教育の成果と生徒の成績の評価は教師たちの共同責任で合議され、校長は教員会議でカリキュラムの調整を行なう（第五条）。

また、障害児に関しては、補助教員は主任教員と相談のうえ、親や地域の専門家の協力を得て、障害児にそくした個別の教育計画にあたり、全体の教育活動と調整して共同で働く。さらに、一学区に一名の教育心理学の専門家を配備し、一教員につき最大二四時間まで活用され得る（第六条）。

授業時間は二七〜三〇時間以内で、どの学校も一様ではなく、学区評議会が学校の機能や家庭の社会経済的条件に基づき、以下の様式のなかから時間割を定める。すなわち、㈠週六日午前・午後　㈡週五日午前・午後。または条件が整備されるまで週六日午前のみ（第七条）。一九九〇―九一学年度から、家族の要請で、二〇人以上の生徒の希望者がいる場合、多学年合同でも教育時間延長（給食を含めて合計三七時間以内）が実現される（第八条）。

小学校教師の授業時数は週二四時間（うち二時間は教育計画のための教員会議）で、上記二二時間の教育時間内に遅進児のための、個別または小グループの補習（EC外の外国人にも適用）を含む。各教師の週授業時間は五日以上に配分されなければならない。九月一日から授業開始までは教員会議は年間教育計画と研修のために集会する〔第九条〕、と規定された。

特に目新しい科目として導入された外国語教育（第十条）は研修が間に合わず、これからの課題とされている。非国立学校（第十四条）は教員複数制、教育活動の組織、合科などの新要領の規定にはとらわれず、新学制、教育課程、時間数のみ採用（実質的には国庫負担の均等学校の場合）、あるいは、より自由で、国立学校の指導要領の目標に大体あわせるように（私立学校）配慮される。

以上にみたように、イタリアの小学校新指導要領と学制は民間の教師たちの日常の実践と長年の先導的な実験によって、すでに一部では成果をあげていて日常的な取り組みがなされているところと、すべてこれから取り組まれなければならないところと地域によって格差が大きい。しかし、今かいつまんで新学制の規定をたどってみて、その実態にそくした柔軟な規定に感ずることは、やはり、ローディがいうように、バルビアナ学校やローディの教育実践やその他のイタリア教育協同運動の教師たちの実践など、民間の教育運動の成果がきちんと評価され、公教育省の学習指導要領に組みこまれているということである。紙上の成果ほどに日常の実践が必ずしも即座に進展しないにしても、日本でこのような底辺からの努力が実るのはいつのことだろうか。

子どもの権利条約をめぐる実践

最後に、子どもの権利条約をめぐって、最近の教育実践の具体例を一つ紹介しておきたい。ローディが主宰している『子どもの新聞』で一九九〇年一一月号に国連可決一周年を記念して、子どもの権利条約を特集した。この特集号をイタリア全国の小学校に送り、子どもたちがこの国際条約を学校で学習し、その意味をよく理解するように呼びかけた。

「一九八九年の条約では子どもは自分の意見を表明し、評価し、場合によっては責任ある決定をすることのできる法的人格と考えられている。もちろん大人はあらゆる状況で、特に家庭と学校で、この権利を実現するように子どもを助けなければならない」

「それは子どもを苦しみや欠乏から解放し、したがって、飢えや戦争、暴力、社会的不正の大問題を解決することのできる、民主的で平和な社会の自由で幸せな、近い将来の新しい子どもを準備するために書かれた」

そこで、この条約を子どもたちが理解できるように全文を平明な言葉に書きあらためて、この特集号に掲載し、「各条文を注意深く読み、毎日の生活のなかで、子どもの権利が尊重されているかどうかを発見するように」呼びかけ、「子どもたちがこの新聞に送る資料（文章の書きなおし、考察、絵、詩、劇など）を（この基本的資料の理解と普及のために重要な貢献として）喜んで紙上に発表する」「こうして、紙に書かれた法律が意識され、現実のものになる」とローディは子どもたちや教師たちにアッピールした。

実際、この特集号はその大部分が学校のクラスや小グループの考察と討論の素材になるように編集されている。例えば、書きなおされた条約の全文の他、ある中学校の一年生たちがクラスでこれを読み、最も重要と思える条項を自分たちの言葉で書きなおしたいくつかの条項やそれについての彼らの考察をかかげた。あるいは、「ストレスと子ども」をテーマにした全国会議（トリノ）に参加した小学校教師が、自分の教室で子どもたちにこの会議の報告をしたことがきっかけで、彼らもまた自分たちのストレスを語りはじめ、そのレポートを子どもたちの言葉で表現した作文。一九八七年に創設された子どもの悩みをきく「青い電話」についての子どもたちのコメントなど。そして、この『子ども新聞』は「十一月二十日はどの学校でも子どもの権利をテーマに考察し、よく理解し、オリジナルで興味深い作品を生み出すように」と、呼びかけた。

この『子ども新聞』は、一九八三年にローディが『A&B』という紙名で提唱し、クレモナ市の日刊紙『モンド・パダーノ』の月一回の子ども特集号として、友人たちの協力を得て、発刊されたのがその前身である。ローディはイタリア全国の教育協同運動の教師とその学級を対象に、この新聞を購読のみならず、教材として学校で活用しつつ、子どもが教科書を含む既製の文化の消費者ではなく、新しい文化の主体的な生産者たるべく、この新聞を子どもたちの表現・交流の場として活用するように意図して創刊した。

『A&B』のAは大人（Adulti）、Bは子ども（Bambini）の頭文字で、「友だちになりたい大人と子ども」という副題がついていた。その後、『A&B』は購読だけで一切の広告もない独立採算の月刊紙として発行されるようになったが、一九八九年からは教育協同運動と「青い電話」の協力で、ソンダ社から『子ども新聞』として発行され、現在に到っている。『A&B』創刊以来、子どもの地平にたって、いわばローディの学級通信の全国版であり、子どもの広場として、多くの幼、小・中学校の教師や子どもたちに活用されている。)

さて、この呼びかけに応じて、子どもの権利条約を学校で三か月にわたって学習した、ミラノ近郊グロッペッロ小学校五年生の日刊学級通信『蜂《ラーペ》』第一二五号〜一七五号(一九九一年二月二六日〜五月一〇日号)の例をみよう。このクラスは最近、私の推薦でNHKが『世界の先生』というTV番組で去る九月九日に放映したジョアキーノ・マヴィーリア先生の子どもたちである。彼らは子どもの権利条約の掲載された『子ども新聞』を受け取ると、早速この問題を学習することに決め、擁護されるべき子どもの事例について討論した。次にこの条約を一条、一条切り離して、「各人が一条か二条をとり、注意深く読んで最も重要なことを理解しようと努めた。それから、それらを短い言葉で全文書きなおし、みんなで読み」、子どもの権利について「言っていることを全部知り」そして「もっとよく学習すべきものをいくつか選び、イタリアでは尊重されているかどうか調べてみることにした」。

彼らが最初に選んだのは家族の権利で、この権利に関する条項を全部読みなおし、自分たちの体験を語り、さらに、自分たちには重要に思えるのにこの条約に入っていないいくつかの権利を提唱している。もう紙数がつきて、ここに例示できないのは残念だが、いずれも子どもの立場から切実な要求があげられている。次に彼らは障害児の権利を学習し、この権利があまり尊重されていないと思えることや自分たちの体験を語り、権利が実現されるためにはどうすべきかを具体的に説明して第二三条を書きなおした。子どもの権利条約を学習した後で、彼らはさらに、生徒の権利憲章を用意するための考えもいくつか書きとめている。

以上、イタリアの子どもたちの主体的学習の姿を、その理念、内容、方法にわたり具体的に例示しつつ、歴史的文脈のなかでイタリアの人権教育の動向を追ってみた。

この『子ども新聞』には私もその前身『A&B』創刊以来、参画に応じ、日本の子どもたちの作品（詩や絵、作文など）を送ったり、子どもに関する情報や日本の民話なども紹介してきた。情報は受け取るばかりでなく、日本からも新しい文化を創造し、発信して、交流を深めていきたい。

――一九九一年一一月記

『解放教育』明治図書　一九九二年二月号

4

教育と政治

イタリア労働者の学習権と文化の民主的管理

一

イタリアでは、最近数年来、文化の民主的管理の運動がめざましく展開されつつある。小論は主として、イタリアの労働者階級が、一九六八年以後の闘争において獲得した、憲法に基づく学習権の具体化をめぐって、この文化の民主化運動とその実態をあきらかにしようとするものである。

「一九六九年の協約により、われわれは有給の集会時間を獲得した。そして、その後の補完協約により勤務中の代表者の一定時間の組合活動の許可を獲得した。今日、われわれは労働者階級として、一定の有給労働時間を学習の権利として行使できるようになったのであり、われわれはこの権利を階級意識をより一そう深めるためのとりくみに利用したい。」（金属労連週刊ニュース“FLM notizie, 45” 1974. 1. 31.）[1]

この文脈にみられるように、ここで論ずる労働者の学習権としての有給「百五十時間」は、六八年以後の闘争において、労働者階級の権利の一環として獲得されたものであり、一九七三年十月金属労連の協約規定が作製され、以後一九七四年二月にかけて、講座獲得のために公教育省との交渉が行なわれた。その具体的内容や講座そのものをめぐる諸問題は後述することにして、ひとまず、この学習権の運動をめぐる一般的状況を把握しておきたい。

このような労働者の学習権は、一九六八年以後の学生運動が文化の民主的管理の問題として、広く学園の壁をのりこえて地域社会と有機的に結びついていく運動の中で、拒否された権利の問題、学校と地域の関係の問題として、つまり教育と社会、教育と労働の世界との関わりの問題としてとらえなおされていく過程で、労働者、学生、教師、組合活動家、社会運動家、研究者の力を結集して獲得されつつある新しい教育運動である。

したがって、それは、単に労働運動の文脈の中でのみ発展し獲得された権利ではなく、三歳からの国立幼児学校（Scuola materna statale）の法制化（一九六八年三月）、学校の社会的管理をテーマとする教職員の法的身分に関する法律（一九七四年五月）等なお多くの問題をかかえながらも、全日制学校（scuola a pieno tempo フル・タイムの総合教育）運動の成果や奨学金など教育費援助の普及等と共に、一連の学習権の保障という大きな教育運動の一側面であることをみのがしてはならない。

このように、近年イタリアでは、戦後三十年間に指導階級によって台無しにされた民主主義の価値を回復するために、レジスタンス運動に発揮された人民の連帯が、深刻な経済危機の諸矛盾の中で、まさにそのような契機を媒介にして力強く叫ばれている。

二

イタリア共和国憲法は、宗派主義と世俗主義、「自由な学校」と国家の学校という古いパターンをのりこえて、公教育を民主的な風土に成立させる基礎をきずいた（第三三、三四条）。しかし、一九六七年、バルビアナの学校の子どもたちの『ある女教師への手紙』[2]に鋭く告発されたように、現実には、公教育は資本主義体制の番人として、あくまでも差別選別の機能を果してきた。

ここで、失われた価値を回復するための学習権獲得の運動の実態に入るまえに、学習権に関する憲法解釈にふれておくことは、あながち無駄なことではないように思われる。

リーナ・ファンチェッルは「サルデーニャにおける学習権[3]」という論文で、憲法に規定された学習権の根拠を以下のように解釈している。

憲法第三四条[4]はその第一項で「学校はすべての人に開かれる」と規定して、第二項で少くとも八年間の義務・無償教育を保障している。さらに第三項では「能力があり、成績のすぐれた者は、手段に欠くとも、学業の最も高い段階に達する権利を有する」と規定して、教育権（diritto all'istruzione）の補完的・手段的側面としての学習権（diritto allo studio）の基礎を構成している。そして、このような権利は義務教育ばかりでなく、すべての学校がすべての者に開かれ、文化と教育の「真の生産者」とならなければならないので、義務教育の遂行よりも広い内容を有する。

教育権は、さらに、憲法第三三、三四条の他に、その基本原理にも根拠が見出される。憲法第二条は人間の不可侵の権利を、その人格が発達する場としての諸社会的結合体においても認め、かつ保障している。憲法第三条では、共和国は「人格の全面発達を妨げる経済的および社会的な障害をのぞく」ことを保障する。そして、第二一条では、思想の自由な表明の権利にせよ、思想の宣布の手段の自由にせよ、「他者の思想を知るため(5)」にも宣布の諸手段がすべての市民に保障されている。

人格の発達、思想の宣布そして情報を有する権利は、したがって、同時に、教育権の保護を要請する。

しかし、これまでイタリアには、実際に学習権を認め保護することによって、すべての段階の学校で教育を受ける権利を実効的に保障する法律はなかった。

そして、サルデーニャ州が、はじめてこの問題にとり組み、憲法と特別定款の解釈に由来する法的側面からも、他の州とはあきらかに異なるサルデーニャの社会的現実からも、一九七二年からの地方再建五ヶ年計画を通じた将来の発達の点からも、学習権の具体的な行使により教育権の実効性を保障して、根本問題の効果的解決をはかるための基礎が築かれた。

それは、一九七一年十月一一日サルデーニャ州法律第二六号であり、国家による直接的方策が講ぜられるまでの「学習権と全日制学校に関する州の介入(6)」を規定した。しかし、この内容についてふれるのは本論の主題ではないので、別の機会に譲らなければならない。ここでは、以上、ファンチェッルの論文によって、「学習権は教育権の実効性を保障するための補完的・手段的側面をなす」という捉え方をみたわけである。

ところが、これとは全く異なった運動論の観点からの解釈がある。サルデーニャについで、学習権の問題にとり組み、これを法制化したトスカーナ州議会では、はじめて「学習権の実現のための介入とその関連任務の地方自治体への委任」の法律を一九七四年二月に批准した。[7] これについて、トスカーナ州の教育・文化顧問シルバーノ・フィリッペッリ氏はトスカーナ州教育・文化局編『学習権――その概念の再構成から地域における立証へ[8]――』のまえがきで次のように述べている。

トスカーナ州議会の一九七四年二月の論議で、「教育権」か「学習権」かをめぐって、自由党とキリスト教民主党の代議員が「教育権」という用語を主張したのは、単なる語彙上の穿さくというエピソードにしてしまうことはできないのではないかと思う。

教育とは何か与えることであり、したがって、受けることであるのに対して、学習とはさまざまな学び方を総合的に言い表わす事柄である。この総合性は社会的諸要素をひき入れようとするものであり、そのことは次のような学習の理解の仕方につながる。すなわち、学習と労働とは、概念の上からも、そしてまたその本質的な任務の表明の仕方においても、別個であってはならないのであり、グラムシが労働について与える「自然の生命に積極的に関わり、それを変化させて社会化する人間固有の手段」という定義は、学習についてもまた該当する、と。

そして、トスカーナ州議会では学習権という表現が法に採択されたわけであるが、以上のような教育の主体を明確にさせる論議がつくされるような運動がトスカーナには確かにある。

ここで、われわれにとって興味深いのは、次のような歴史的事実である。国家統一以来、言いかえれば、一八五九年のカザーティ法[9]以来、義務教育は地方自治体の負担に委ねられた。イタリアはそれまで国の大半が諸外国の支配下におかれていたため、地方間の経済的格差も大きく、以後百年にわたって、その格差は深まりこそすれ是正されることはなく、いわゆる南部問題として今日なお未解決の社会構造上の諸問題をかかえている。その教育の側面での根拠となったこの教育法以来、教育における中央権力と地方自治体の役割は、特権階級のための中・高等教育と拒絶された者としての庶民の学校に分担され、地方自治体の従属的・補助的役割が明確であった。

そして、今日、暗闇の危機と称される政治的・経済的状況の中で、国家と社会、学校と地域、官僚的中央集権主義と住民参加の問題が論争の的となっている時に、このような地方自治体の側の積極的なとり組みは、中世から都市国家としての市民社会の伝統をもつイタリアならではと思われる。

なお、学習権に関しては、これより先、一九七一年二月二六日〜二八日ボローニャで開催されたイタリア共産党の全国教育会議で、はじめて議題とされ、「基礎の経験、新教育法、学習権」の作業班は次のような動議を出している。

「党の勢力、社会構造、住民の政治的思想的動向には、国のさまざまな都市、地域間に著しい格差があるが、党全体、そして特に基礎、地域、工場の組織に次のような要素に分節された学校への参加方針を指示することができると、『基礎の経験、新教育法、学習権』の作業班は判断する。

(一)　現在の学校の調整に反対するためには、その内部における行動に限定するのではなく、次のような目標のために、基礎の機関を活気づけなければならない。

(二)　最も広範な住民層を学校の問題に敏感にする（父母会、学校管理人民委員会等）。

(三)　この基礎の機関においては、共同生活と、大人と子どもの今までとは異なった関係に基づき、したがって、権威主義と、支配階級によって押しつけられた文化とイデオロギーに対する無抵抗の同意とを排除する新しい形式の教育を行なう（放課後補習、夜間学校、研究班、文化活動班等）。

このようなイニシァティヴは階級選別の影響に対抗するために、そして、子どもたちが生活している社会環境に集団的に参加し、ともに働く能力を発達させるために役立つ。これらの機関は父母の社会的結合に役立ち、教師をして地方自治体に拠点を持つことによって、地域における動員と闘争の中心とならしめることができるのは明らかである（二部制、特殊学級、その他の差別構造反対、すしづめ学級反対、教育費負担反対、学校新設、交通手段の無償、全日制設置のための第一段階として給食・放課後補習獲得等の闘争）。

地域及び学校の外部の民主的勢力の行動と学校制度の管理の関係について、大衆行動は公教育省のイニシァティヴによって用意された形式での共同管理と現実の教育論理に対して従属的位置をしめる危険を避けることができるという意味で、この行動は管理の問題に具体的内容を与えるのに寄与しうると班は判断する。義務教育といわゆる「幼児学校」へのとり組みを優先しながら、必要なところでは、学生の闘争と地域の労働への彼らの導入を支援しつつ、抑圧的、選別的そして官制イデオロギーの擁護者の役割を拒否する教師たちと協力して、後期中等教育に介入する可能性に最大の配慮を払うのが適切だと考える。後期中等教育の場合には、義務段階とは異なり、全く特定の場合をのぞいては、家庭の直接的とりくみを必要としないことは明らかかと思われる。

学習権の領域では、今日までとり組んで来た形式（差別・選別反対）と義務教育遂行、幼児学校の普及、全日制、完全無償の闘争の他に、党の州及び全国的要求がいわゆる「援助」の分野における州の課題と介入に関して、例えば教育援護会反対の明確な線を決定して、左翼多数派の市町村と州や、他の地方自治体における左派の議員グループのイニシァティヴに移していけるような一貫した行動方針を決定するよう、班は提案する。また、教員組織や大学と、そして社会的政治的鼓舞の役割により学校の外部の現実と関わる能力という意味でも教員の養成に寄与するような基礎の諸運動とも一致して、教員の研修と資格付与の事業への地方自治体のとり組みについても強く主張しなければならないと思われる。

基礎の動員と介入が学校に代る構造を創造したり、改革のための全体的闘争を限定したり、ゆがめたりするのが目的ではないことを充分に認識しながら、この領域における住民の動員をゆるがせにするならば、他の形式や方法では容易にとりかえしのつかない余地を残すことになると班は確信する。(10)」

このような文脈でみると、学習権の運動が差別・選別反対、義務遂行、保育園の普及、全日制、完全無償のための闘争から発展して、州の教育援助の課題、介入と教育・文化の民主的管理の問題、そのための地域住民の動員、そしてそのような運動の拠点としての教師の養成の問題、さらに学外の諸運動との連帯へと発展していくすじ道が明らかになる。そうして、労働者の学習権の運動もこのような運動の発展途上に見出すことができる。

三

ところで、現実には差別、選別がどのように行なわれているかということを、具体的に数字でみておきたい。ボローニャ金属労連の月刊紙iu(11)によれば、一九七〇年現在のイタリアの就労者学歴は表1のようになっている。イタリア全体でみると、七一・五％が小学校卒業或いはそれ以下の学歴しか有していない。農業従事者は九五・九％が小卒以下、工業でも七六・九％が小卒以下という状況である。また、表2は同じく学歴別就労者を、管理職を含む職員と日雇まで含む労働者に大別して比較したものである。近年、労働者の教育要求は著しく増大し、中学校卒業者は一九五一年の三・八％から一九六一年には七・四％に、そして一九七二年には表2にみるとおり、一六・一％になった。しかし、この二つのカテゴリーの差はまだ非常に大きい(12)。

これらの統計は就労者全体が対象であるから、当然、戦前の旧世代も含まれているわけである。そこで、表3をみると、最近の学校の様子がわかる。前述のバルビアナの学校が「義務教育は落

表1　1970年学歴別就労者分類

学歴	1970 イタリア就労人口							
	イタリア	%	農業	%	工業	%	商業・サーヴィス業	%
大学卒業者	565,000	3.2	5,000	0.1	65,000	0.8	495,000	7.0
高校卒業者	1,553,000	8.2	25,000	0.7	373,000	4.5	1,155,000	16.3
中学校卒業者	3,281,000	17.3	121,000	3.3	1,464,000	17.8	1,700,000	24.1
小学校卒業者	10,644,000	56.2	2,058,000	55.9	5,395,000	65.8	3,188,000	45.1
修業資格なし	2,911,000	15.3	1,472,000	40.0	909,000	11.1	529,000	7.5
	18,954,000	100.0	3,681,000	100.0	8,206,000	100.0	7,067,000	100.0

第させてはならない」と主張して、大変な反響を呼んだのが一九六七年で、この表はその翌年の統計であるから、それ以前とは少し様子が変っている筈である。しかし、一見して明らかなように、小学校一年生からして既に全国で一二%も落第している。北部と南部の差も著しい。この数字は、今も学校でどのような教育が行なわれているかを雄弁に物語っている。

このような状況の中で、金属労連が一九七三年に獲得した、学習に利用される有給百五十時間の労働時間の減少は、イタリアの労働運動の歴史に全く新しい事実であり、政治的にも教育の領域においても非常に重要な事柄である。特に重要なことは、それが企業内の職業専門教育としてではなく、労働と学習の分離を打破する試みとして、公教育の枠内で行なわれる全労働者の一般教養課程だということである。労働運動に、はじめて一般的な学習権の原理が導入され、労働と学習、手労働と知的労働の分離という資本の力の要の一つをゆり動かすことになったからである。

近年の闘争において、労働者階級は現在の労働の組織を論議し、それを変えはじめることに決め、知ることが自らの成長に決定的に重要な要素であることを発見した。資本は労働者が生産力をより一そう高めるための能力を身につけることを要請するが、一方では、真に労働者が成長すれば利害が対立することになる。「百五十時間」はこのような矛盾の上に、労働者の真の利益を代表し、労働と学習の結合をはかり、社会の広範な層の労働者の連帯と国の社会的経済的諸問題の正しい解決をはかろうとするものである。

表2　学歴別全経済部門就労者
職員と労働者の比較(1972年)

	職　員(イ)	労働者(ロ)
中学校卒資格無し	8.8	83.2
内訳　無　資　格	―	(15.1)
小学校卒業	(8.8)	(68.1)
中学校卒業	37.5	16.1
高校卒業	40.2	0.7
大学卒業	13.5	―
合　計	100	100

出所 ISTAT
(イ)管理職も含む、(ロ)中間カテゴリー、日雇労働者、農業賃金労働者を含む

表3　1968-69年度落第者百分率

学　　年	イタリア	北　部	中　部	南　部
小学校 1-2 年	12.0%	8.1%	7.5%	17.0%
2-3 年	10.3%	8.2%	7.2%	13.1%
3-4 年	9.4%	8.2%	6.9%	11.4%
4-5 年	8.9%	7.7%	7.2%	10.7%
小学校 合計	10.2%	8.1%	7.2%	13.2%
中学校 1-2 年	13.7%	512.1%	13.4%	15.4%
2-3 年	10.3%	8.5%	10.0%	12.5%
中学校 合計	12.2%	10.5%	11.9%	14.2%

公教育省・教育統計摘要 Frascati 1972

このような観点から、レッジョ・エミリアの金属労連の『労働者の創意』誌の論説（一九七三年四月）は次のような展望を述べていた。「全労働者のための学習権の道は労働者自身を統一する。例えば、勤労学生を孤立したどっちつかずの状態から解放し、個々の問題のむなしい解決の見通しではなく、階級間の力の程度で、真の集団的解決の展望を開く。このような道は、更に、教師や学生と新しい論議を起こさせ、彼らを工場から隔てている壁に割れ目を生じさせ、あの学校という「ゲットー」（金のかもしれないが、ゲットーであることにかわりはない）と真の交流の場を開かせようとする。……資本の意志が就労人口を減らし、搾取を増大しようとしている時に、百五十時間の論議は（小さいとはいえ）労働時間の減少、同じ給料での学習時間、集団的に資格をそなえた労働者の増大という根本的に異なった道を肯定しようとする。……実際、この時間が個々の利用に委ねられることは避けなければならない。工場評議会、地域評議会がこの時間の、多数の労働者の集団的利用を、課程、教師、適当な時間割、学校の構造について管理する必要があろう⑬。」

実際、新しい労働協約の「学習権」に関する条項⑭は、各企業の管理者と工場評議会とが協議して、関心のある全労働者が講座に参加することができるように、三年間一定時間の覚え書を作成することを見越している。一定時間とは、三年毎に、年十時間の三倍×従業員総数という計算で決められる。各労働者は三年間に百五十時間まで要求することができ、この時間を一年間で利用することもできる。許可を得るために、労働者は参加する講座が有給許可として申請する時間の少くとも倍の時間数にわたることを示さなければならない。つまり、労働者が参加する講座の半分は自己の自由時間をこれにあてるわけである。また、学習権の行使のために、企業或いは生産単位〔部〕から同時に欠勤できる労働者は労働力全体の２％を越えてはならないが、この２％について、組合では、一日中ではなく、各許可時間の２％だという解釈をしている。[15]

この講座は公立学校或いは法的に公認された学校で行なわれるものと規定され、[16]公認されていない私立学校や企業内講習に利用される可能性はないが、同時に地域の人民学校（scuole popolari）や組合の講習も除外されている。また、勤労学生については、個人的には一定時間を要求する権利を有するが、学習権の規定は既に通学している勤労学生のためのものではなく、他の労働者、殊に義務教育の卒業資格もなくて、教養を身につける必要を感じながら、他の手段では学校に戻ることが考えられなかった労働者のためのものである。そして、国立中学校の義務教育補習課程に参加する労働者は、勤労学生のための諸権利（有給試験期間、無給許可、交替等、企業との協約で獲得された諸規定）もまた享受する。

組合は公教育省との論議においては、次のような要求を出していた。㈠　国立学校に義務教育補習課程（一年）を設置すること、㈡　短期間に高等学校卒業資格取得課程を設置すること、㈢　高等学校或いは大学に演習、専門講座を設けること。[17]以上の要求をみてもわかるように、この学習権の行使の機会が、実際の運用の過程で、企業内講習や特殊な学校になってしまうのを避けるために、これらの課程は国立学校に設置されるべきものと規定されたわけである。教師も教員採用試験合格者順位名簿から採用され、特別に選ばれることはない。労働者側からは学習内容、方法、目的はこの問題に関与する諸政治的社会的要素の代表の管理下におかれることが主張された。

当初、中学校課程に関して、公教育省側は就労者のみが参加することを認めたが、労働者側は失業者や臨時職員も含めてすべての人に開かれるように規定することに成功した。組合側はまた、課程の内容に省が規制を設けることを避け、学習計画を組合と労働者の管理下におくことにも成功した。さらに、用務員の採用にも成功した。

しかしながら、マルファッティ文相は教師の任用を、当初、通達では無期限としたにもかかわらず、課程の実質的な期間中に限定することに成功した。こうして、この課程が「実験的」なものであるとし、普通の学校から労働者の学校の新しい経験を分離させ、将来における継続性を望まない姿勢を示した。このことは、失業教師にこのような不利な契約を引受けることに困難を感じさせ、仕事を引受けたとはいえ、これらの教師たちには心理的な影響を残すことになった。要するに、行政側はこの根本的に革新的な試みに対して、全く消極的な態度でのぞんだ。

一九七四年一月九日マルファッティ文相から関係教育長宛に手渡された「労働者のための中学校実験課程」の設置に関する通達[18]は、(一) 課程の設置、(二) 課程の実施、(三) 教員の募集と養成、(四) 県における課程の設置について、あらまし次のように規定していた。

「周知のように、若干の部門[19]の労働者のための労働協約は、生涯教育と義務教育補習の形成活動のための有給百五十時間の活用の可能性を予報している。義務教育補習に関して、本省は、労働者組織の緊急な要請に対して、本学年度から実験的に労働者のための国立中学校特別課程を若干設置することになった。この課程は労働者の文化的社会的奨励と中学校卒業資格取得を目的とする。

㈠　課程は教育長によって、国立中学校に設置され、四つの課程に分節化される。各課程には、小学校卒業資格を有する十六歳以上の労働者二五名以内を入学させる。課程は一学年間とし、三百五十時間以上四百五十時間以内で、時間割は通学者代表の意見をきいた教師集団の提案の下に、教育長によって定められる。入学申請は志願者が直接又は組合組織を通じて教育長に提出する。

㈡　各課程は、(イ)数学、科学的観察、(ロ)地理、公民教育、歴史、(ハ)イタリア語、(ニ)外国語の単位で、各単位週四時間ずつの教育が実施される。各教科又は教科をこえた単位（週十六時間の授業）毎に教師一名を任命する必要がある。学習計画は、通学者の水準を配慮しながら、通学者の意見を聞いた上で、校長と各課程の教師によって、そして労働環境で成熟した彼らの経験に基づいて定められなければならない。中学校卒業資格試験はある一人の校長が会長となり、課程の教師たちによって構成される委員会の前で、実際に行なわれたカリキュラムにそって実施される。

㈢　教育職務は一九六九年六月十三日法律第二八二号に規定された県順位名簿に記載され、何ら無期限に任命されていない志願者に対して、名簿順に教育長によって無期限（傍点引用者）に授与される。教育長は志願者に公教育省認可の養成・研修講座への参加を指名する。給料は中学校教員の規定に準じて、週十六時間の授業、教科間の調整、教材の準備に関する諸活動を含めて週二四時間に対して支払われる。

(四) 設置認可された課程の受容力をこえる参加申請があった場合には、地方の組合組織に対して、教育長は、このイニシァティヴは単に、問題の組織的計画的解決への緊急な第一歩をなすものであり、その解決のためには、最初に述べたように、労働者のための国家の教育に関するこの種の介入が提唱された目的にできるだけ適切で効果的であるように、実験を通じて、評価しうる要素と実証のデータを獲得しなければならないことを伝達すること。」

(三)で規定されていた無期限の教員任用は一月二十日付の電報で、課程の実質的継続期間にかぎると修正された。これに対して、トリノ県三教職員組合(イタリア労働総同盟CGIL、イタリア労働組合連盟CISL、イタリア労働同盟UIL)は百五十時間の課程の教師たちと共に、一九七三〜七四年度のこの課程の教職員採用条件を検討した結果、労働の地位の安定と保障を得るために「百五十時間の課程の教職員の権利要求の綱領」[20]を四月十日に発表した。「このような決定は特に関心をよせている部門(金属、繊維)の組合組織とも一致して、百五十時間の課程は孤立した臨時のものではなく、他の労働部門(ゴム、化学、印刷等)の側からの学習権の獲得にも関連して、国の教育構造の補完的な部分とならしめる必要性が生じた。これに関して、教職員の無期限の任用は百五十時間の課程の、通常の教育活動との法的平等と今後の継続性を保障するための根本的条件であると思われる。」こうして、トリノ教職員組合は夏期休暇期間の支払い、病欠(6日から30日に延長、代替員の権利)、今後の百五十時間課程教育の現職の優先権、集会権等を要求した。

さて、ここで、このような課程がどの程度実施されているのか、一九七四年四月現在の数字をあげておきたい。中学校課程は五三県九三一校、労働者総数一八、六〇〇人（内約一六、〇〇〇人が金属）で、大学のゼミナールは一五県二八校労働者総数一、三四八人あわせて二万の労働者が参加している。これは、協約の三年間有効性を考えると、一定時間総数の五％強ということになり、一九七五年末までには残り全部を利用しなければならない。つまり、約二八万労働者のためにこのような活動を組織しなければならない、とアリッチャ全国会議（一九七四年四月二六、二七日）の報告[21]は述べている。この課程はまさに始まったばかりであり、学習権の普及の基準を明らかにする出発点だと金属労連ではとらえている。

また、中学校課程の教員養成は約二週間にわたって、次のような機関で行なわれた。トレント大学社会学部（組合と共に）、ヴェニス大文学部（トレントの社会学部と共に）、ロンバルディア州委員会（組合代表も参加）、トリノ大教育学部（組合と共に）、ＯＰＰＩ（私立教員養成組織）、ＩＳＦＯＲ（労働省所属機関）、ＦＯＲＭＥＺ、そして他の県では教育長との了解の下に直接組合によって組織された。

さて、この中学校補習課程では、実際にどのような学習が展開されているのか、詳細をのべている余裕はないので、筆者が訪問したフィレンツェのカラマンドレイ中学校[22]の学習計画の一端を紹介しておきたい。

「テーマ１――工場における労働環境と健康

㈠　部門の分析

1　空間と衛生設備
2　環境の汚染（空気、水、騒音、蒸気、煙、放射線）
3　災害をまねく条件（保全のない機械等）
㈡　予防医学
1　職業病とその原因の知識
2　保健規定と職業病の予防の知識
3　法規の知識
㈢　イタリア現行保健制度の状況とその歴史
1　いろいろな救済制度の研究
2　新保健制度改革の検討
3　イタリアにおける保健制度の発展
4　イギリスの保健制度との比較
㈣　労働環境の修正の歴史」
「テーマ2――労働の組織
㈠　企業の組織一般と生産部門の知識
1　企業とは何か、目的、機能
2　労働の組織の分析、職務、部門、配属

㈡　生産工程の技術的知識
1　時間と方法
2　請け負い
3　給料
㈢　労働の組織の歴史
1　一九六八年五月から今日まで（特に工場評議会）
2　産業革命、労働運動の起源、労働の科学的知識」

このような学習計画は課程の最初の数時間を使って、労働者の討論のすえに決定されたもので、このようなテーマをめぐって、各教科単位に多面的なアプローチが行なわれる。例えば、イタリア語なら、自分の工場の報告（特に生産部門と有害な要因に関して）を作文したり、有害物質の最大許容密度に関する証言の一節を読む等。公民教育ならば労働環境に関する法制、地理ならば世界の公害地、数学ならば工場の設計図や百分率の計算（災害のために）、科学ならば騒音や温度の物理的概念、目や耳の解剖学的説明等。英語については、短期間という制約があるので、労働者と教師の討論のすえに、外国語の学習は第一に、実用的性格をもつべきであり、会話ができるようになること。このために視聴覚教材を使用（目下、テキスト十五冊しかないが、テープも支給される予定）。さらに、イギリス労働運動史の学習の際に、習った外国語の国にふれるというわけである。

大学のゼミナールについては、今年度各大学で展開された主要なテーマを若干あげるにとどめなければならない。それは、「現今の経済危機と労働運動の展望」「金属労連の協約と学習権」「学校と労働市場」「地域の利用、住居、交通、構造改革」「一九六十～七十年代イタリアの経済発展、社会階級、階級闘争」等、いずれも今日的な課題である。

四

おわりに、労働者の学習権運動をめぐる今後の課題を簡単に考察しなければならない。金属労連のアリッチャ全国会議の結論によれば、それは次のように要約することができる。

獲得した権利を大衆的に利用するためには、今までのイニシアティヴに依頼するばかりでなく、工場、地域、県そして全国レベルでの組合の全カテゴリー、構造の広範なとりくみが必要である。

第一に、組合の戦術における学習権の役割と、新しい配属表（新労働協約）との関係における学習の意味について、特に工場評議会との論議を深めなければならない。七四～七五年度にむけて、(1) 工場評議会は労働者の間に学習権の集団的利用に関する討論を推進しなければならない。(2) 工場評議会は常に経験の発展を追い、課程への労働者の参加を管理することができなければならない。そのために、評議会の「学校委員会」を構成するか、代表を任命することが必要である。(3) 諸経験の調整のために、県レベルにも組合の代表が必要。(4) 県レベルに組合の代表と教育監督局（Provveditorato agli studi）の信任責任者からなる「混合委員会」を作ることは、課程の展開に際して技術的組織的諸問題（時間割、開設場所の変更、教職員等）の解決のために有益である。(5)

地域評議会は組合による管理の強化と経験の普及には最も適切な場である。地域レベルの「学校委員会」は課程の労働者代表、教師代表、地域組合委員からなり、カリキュラムの発展を管理し、外部の専門家の寄与を促し、集会を主宰し、教材を調整する任務をもつ。地域評議会はさらに課程の学習と研究をより一般的な討論の契機として利用し、他の労働者の関心を高めるために、工場内に講座を組織したり、他の部門の工場評議会や午前の普通課程の教師や地域住民等にむけて公開討論を推進するなどの働きをしなければならない。このような組合のイニシァティヴは、労働者がこの獲得した権利を自己のものとして守り、自己の目標にそって管理することができるようにならしめると同時に、この革新的な経験が普通の学校から孤立することがないようにするというねらいを持っている。

第二に、労働者階級の統一を強化する手段として、この最初の経験の成功は他の部門の全労働者に学習の効用を説得するにあたり、決定的に重要であるが故に、課程の組合による管理の強化が必要である。そして、教師、校長、教育長との討論には、労組の側に教職員組合のより直接的なとりくみを期待しなければならない。

第三に、労働者の側による教育構造の一層広範な利用をはかるために、公教育省とより一般的な論争を進めなければならない。公教育省の中学校課程設置法案に対しては、労働者や成人の側からの教育構造の利用についての諸要請にこたえる、より広範な法案を提案しなければならない。義務教育補習の他の形態（夜間課程、中学校補習課程ＣＲＡＣＩＳ）の克服、正規教員に労働者講座で教える選択の自由、講座の管理における組合の役割の定義等。高等学校の利用に関する組合の提案はまだ一般的であるが、討論の場として、成人教育の補完的活動の展開と中学校課程につづく二年間の実験高校案。この案は勤労学生からの広い教育要求と義務教育年限延長の目標から示唆を得て、後期中等教育改革の展望につながる。

このような提案は、教育政策に対して労組の側が、学習と労働の関係という根本問題の方針を明確にするように要請する。実際、これまで学習のイニシァティヴは労働者の直接的な要求——基礎教養の補習、政治的関心の若干のテーマの究明——に応えるものであったが、このような学習と労働の関係は、この学習が政治的市民的要求を回復し、階級としての労働者の統一と等質性を確かに高めるとはいえ、労働の組織に対して生産者の自治を回復するには到らないという意味で、限られた、非常に間接的なものである。将来への提案として、生産力の発展そのものが解決することを知らずに促している文化と知識の要請に応じ、或いは先んずる準備がなければならない。この要請には、勤労学生の場合のように、支配者の論理に従属する経験を再び踏むのではなく、生産工程を知り、管理するという労働者の要求を評価し、拡張しつつ応えることができなければならない。勤労学生のみならず、全労働者と共に、労働の組織に対する学習の、労働者階級としての利用を可能にする組合の方針をつくることが必要である。

要するに、百五十時間の協約の具体的実現のためには、全組織をあげて、㈠学習のイニシァティヴを大衆のレベルに普及すること、㈡学習と労働、文化政策と権利請求の政策のより緊密な関係を明らかにすることにとりくまねばならない。そのために、基礎としての中学校課程を拡大すると同時に、実験的に、生産工程の知識と管理能力を身につける新しい学習の形態を創造すること。このような経験は労働者の獲得した新しい知識水準の利用について工場における権利請求案と、学生の存在を見越し、できれば彼らにも学習と労働を交互に行なわせるような提案を伴なわなければならない。

以上でみたように、「労働組織への攻撃は現在の労働力の養成方法への攻撃と緊密な関係をもたなければならない[23]」という意味で、労働者階級は学校の問題の分野に降りたったのであり、労働者の学習の自主管理の運動は、学習権と文化の社会的民主的管理の運動として、トータルな教育構造の改革への闘争と緊密な関係をもつ。すでにみたような労組、教組、地方自治体、県教委よりなる学校委員会の設置等、特に教員運動や学生運動と労働者のイニシァティヴの結合がさけばれているのも、このようなダイナミズムの中でとらえなければならない。（一九七四年十月）

注

（1）この間（特に一九六八年から一九七一年まで）のイタリアの労働組合運動については『現代の労働組合運動』1、大月書店、一九七一年、竹村英輔「民主的諸改革と組織統一への展望」一九四〜二二八頁に詳しい。

（2）Scuola di Barbiana, Lettera a una professoressa, Libreria Editrice Fiorentina, 1967. なお、この本については田辺敬子「イタリアの教育と子ども」（『国民教育』17、一九七三年夏季号）同「イタリアの教育と差別」

『教育』一九七四年一月号）参照。

（3）Rina Fancellu, Il diritto allo studio in Sardegna, Rivista giuridica della scuola, Anno XI, Fasc. 1, 1972, Milano, Dott. A.Giuffre Editore, pp. 27-29.

（4）La Costituzione della Repubblica Italiana, 1947. 宮沢俊義他『人権宣言集』岩波文庫、昭和三一年参照。

（5）この点について、ファンチェッルは、Abbamonte, Diritto all'istruzione e obbligo scolastico, in Atti congr, leggi Unif. (vol. istruzione) ; Loiodice, Contributo allo studio sulla libertà d'informazione, Napoli, Jovene, 1969を参照している。

（6）Legge regionale sarda 11 otobre 1971, n. 26 sugli "Interventi della Regione per il diritto allo studio e la souola a pieno tempo".

（7）"Toscana, consiglio regionale", foglio quindicinale di notizie. Anno IV-N. 3, 15 febbraio 1974.

（8）"Diritte allo studio" a cura della Regione Toscana, Guaraldi Editore, 1974.

（9）カザーティ法については、前之園幸一郎「イタリアにおける国家統一と教育――カザーティ法の成立を中心として――」（『教育学研究』第32巻第1号別冊、昭和四十年三月）参照。

（10）"Scuola e Socialismo", Atti della Conferenza nazionale del PCI per la scuola, Editori Riuniti, 1971, pp 280-281.

（11）impegno unitario, giornale mensile della Federazione Lavoratori Metalmeccanici di Bologna, gennaio 1973, diffusione interna n. 1.

（12）表2は、"I Consigli" n. 1, rivista mensile della Flm, dicembre 1973より転載。

（13）"Fabbrica e Stato/Inchiesta", luglio-agosto 1973, edizioni Dedalo に掲載された Editoriale di "Iniziativa Operaia", numero unico dell'Flm di Reggio Emilia, aprile 1973.

（14）art. 28. Disciplina Generale-Sezione Seconda del CCNL 19/4/1973.

（15）"FLM notizie", n. 45. 31 gennaio 1974.

(16) Norme per il diritto allo studio di Federmeccanica, Intersind, su "PLM notizie", n. 45.

(17) Cgil-scuola, Bollettino, n. 2. 150 ore, a cura del sindacato provinciale sns-cgil di Pistoia, 1° supplemento al n. 1 di "Informazioni sindacali", quindicinale della Camera Confederale del lavoro di Pistoia, I quindicina gennaio 1974.

(18) Circolare istitutiva dei "Corsi sperimentali di scuola media per laveratori" su FLM notizie, Roma, 6 maggio 1974.

(19) 金属の他に、繊維業界でも百二十時間の学習権を認めた。

(20) CGIL-CISL-UIL, Piattaforma rivendicativa del personale docente e non docente dei corsi delle 150 ore, Torino, 10 aprile 1914 su FLM notizie, 6/5/74.

(21) Nota sull'esperienza del diritto allo studio (Sintesi della relazione e delle conclusioni del Convegno Nazionale di Ariccia, 26 e 27 aprile 1974) su FLM notizie, 6/5/74.

(22) Scuola media statale "P. Calamandrei", Viale Guidoni, Firenze (Regione Toscana).

(23) dal documento dell' Esecutivo Unitario dei Metalmeccanici, feb. 1972 sul Bollettino n. 2 cgil-scuola di Pistoia.

人文学報　教育学⑽　首都大学東京　一九七五年

イタリア初等教育教科書と対抗文化運動

教科書論争と対抗文化運動

イタリアの教科書をめぐる論争は一九六七〜六八年以後のラジカルな教育論争を起点にしている。特に、一九六九年にはジョルジョ・ビニを初めとするジェノヴァの小学校教師グループが「子どもたちは何を学んでいるか」(1)と題して小学校教科書一六三冊の批判的分析を行なって評判になった。それ以来、教科書の内容や方法の是非のみならず、教科書そのものの存続の是非をめぐって論議が活発にかわされ、教科書による体制側の教化に対する対抗文化運動として、学校で教科書を使わない授業の実践が活発に行なわれるようになった。

既に一九六七年にドン・ミラーニとバルビアナ学校の子どもたちは『ある女教師への手紙』(邦訳『イタリアの学校変革論』(2))で、小・中学校および師範高校の教育方法、内容を批判して、学校が体制維持のための選別の機能を果していることを告発し、この本を生み出す独自の教育実践を行なって、論争の端緒を開いた。又、マリオ・ローディはずっと以前から教科書を使用しないで公立小学校で優れた教育実践を行なっていたが、一九七〇年にその実践日誌「まちがえた村」が出版されて、一躍、世評を集めた。(3)ローディの子どもたちと学校間文通をしていたブルーノ・チャーリも教育協同運動MCEの理論家として、以前から『新しい教育技術』(4)を著わして、新しい教育実践を展開していたが、一九六九年には彼の批判の対象は教授法からイデオロギー上の問題点に移行し拡大している。(5)

そして、七〇年代初頭には教科書をめぐる論争が一段と活発になった。前述の六九年のジェノヴァの教師グループの分析によると、イタリアの小学校の教科書にあらわれた子どもの理想像は以下のように要約されている。

「現状に満足した主婦と仕事に不満のない中産階級（労働者・農民は希れ）の父親の子どもで、カラビニエリ（国防省警察隊）が通ると夢中になり、しばしば戦士の墓に詣で、国旗の前で泣く熱烈な愛国主義者であり、苦労すればするほど祝福され、使用者と労働者は愛しあい、ごつごつした手を持つ労働者は天国に行き、上司（父、母、先生、校長、市長、知事、大統領、法王、天主）には常に従わねばならないと確信し、他に優る古い伝統ある文明に属し、世界は天の摂理の実現のために神の理性により統括された機構であることを疑わず、イタリアは繁栄した文明国であると信じ、搾取、抑圧、人種差別、帝国主義が存在することを知らず、馬鹿者のように話し振る舞い、大きくなったら支配者の完全な追従者となるだろう」(6)

しかし、二、三千人の教師たちが教科書不採用の反体制文化運動を推進していても、大多数の教師たちは教科書に従っているというのが当時の実情であった。(7)フェルナルド・ロトンドは

「太った雌牛の市場」[8]と題して、教科書出版社の分析を行なっているが、それによると、教科書出版社約四〇〇のうち、イタリア出版協会AIE加盟の一一〇社が市場の九〇％を生産している。一九六八年にイタリアで出版された本の三〇～三五％は学校図書であり、本屋の八〇％が学校図書で成立っている。教科書の後進性の理由として、彼は以下のような要因をあげている。

(1) 固定化した科学的知識やイデオロギーの受容と普及
(2) 生活から学校を分離し、歴史から文化を隔離させる目的
(3) 経済的理由として親の負担を軽減し、安価にするために大企業に優利
(4) 教師の教養、専門性、政治的レベルの低さ、その「巫女」的機能、権威主義、日和見主義の反映。

そして、誰が教科書を擁護しているのかとして、彼は以下の要因を指摘する。

(1) 大企業と出版業界の癒着
(2) イタリア出版協会教育課長の教科書擁護（「教育の基本的手段のひとつ」として）
(3) 官僚的教育管理と教師の怠慢、無関心、保守性
(4) イタリア学校協会全国会議CNADSIの教科書擁護（「学校の混乱の中で最後の文化手段であり……青少年の意識の秩序の最後の保証」として）
(5) 政府レベルでは「八〇年計画」（予算・経済企画省）の中期（一九七一～七五）目標として「教科書編集の再検討とその市場の規制」が指摘され、その先には新しい教育技術（視聴覚及びエ

レクトロニクス図書等）の導入の計画がある。

このような状況において、ジェノヴァの教師グループの教科書分析に端を発した教科書批判の運動が広がるなかで、「基礎学校再建のための教科書の克服」に関するボローニャ会議や「レジスタンスと教科書」フェッラーラ会議、レッジョ・エミリア市主催の教科書展といった地方行政による取り組みや、民主的教師たちと連帯した住民が教科書反対の立場で分析を行ない、教科書にかわる教材選択の自由を要求したり（ミラノ2区）、地区教育評議会が市の教育委員会に対して教科書不採用のイニシァティヴをとり、教科書経費相当額を教材費として予算化するように要求するなど、多くの地区で、教育内容、方法に関する住民の社会的管理が進行し始めた。こうして、組織的、意識的な教科書拒否、教材選択の自由の要求は既製の学校の拒否、新しい教育方法の建設へと連なり、新しい試みが生まれる。

一方で、バルビアナ学校にはじまる「放課後（アフター・スクール）」、夜間学校、カウンター・スクールは全国的に広まり、資料の交換等の交流を通じて独自の教育経験を重ねている。

また、マリオ・ローディの編集により、教育協同運動ＭＣＥの教師たちの自主的教育実践から生み出された学習図書（ビブリオテカ・ディ・ラボーロ）Biblioteca di lavoro のシリーズが発行されたり、百科辞典（エンチクロペディア）Io e gli altri（「私と他の人々」）等の自主教材が市場経済の利害と関わらずに、真の教育過程を生み出すことをめざして生産されるまでになった。さらに、「暑い秋」の労働争議は出版社にも政治化、組合化を波及させ、特に労働者と外部の協力者間に製品の社会的、政治的管理に関する議論をもたらした[9]。

ところで、ジョルジョ・ビニは反教科書制度の具体的提案を次のようにかかげている[10]。

(1) 学校及び学級図書の創設、子どものために書かれた本と一般書を継続的に豊富にしていく

(2) これらの本の分類（歴史、地理、物語と詩、社会学、法律、政治情勢、経済、都市工学と建築、造形美術、物理学、化学、数学、生物学、環境学、人類学、民族学、哲学、教育学）

(3) 若干の基礎教科（数学、物理学、化学、生物学、言語学）の学習用に生徒一冊づつのマニュアルと別に、教師用書を学習教材、学習コントロール用練習問題とカードと併用、文法書、辞書、索引、地図、文選集（特に言語学の訓練のために）、百科辞典の導入

(4) 資料の収集（歴史的資料、カード、新聞、雑誌、スライド、写真、映画、レコード、芸術作品の複製）

このような提案は後にみるような規範性の強い指導要領とは両立するものではなく、彼は反教科書論の立場に立っている。

一方、ジョヴァンニ・ベルグラーノは教科書を唯一の教材として扱わないためには、教科書批判をその反動的内容に限定して告発するのではなく、特に教師のイニシァティヴと教員養成の問題に関連して再検討すべきだと指摘する。そして教科書は教員養成との関連において、まだその機能を持っているとして、新しい教科書のモデルの定義を試みる。まず、新しい教科書の編集には、様々な学科の専門家、心理学者、社会学者、教育学者の学際的研究センターの編成が必要だという。彼が考える教科書は、一部は教師用で、テキストと教育単元 unità d'insegnamento の使

用法（広範な変化の可能性を含む）を内容とし、二部は生徒用で、文献案内、抜粋、方法論的示唆、教材使用案、個人用練習問題から成る。そして、市販される前に、生徒グループのサンプルで実験して検査する必要があると主張する。(11)

イタリアの初等教育の教師は大学レベルでの専門的養成の必要が叫ばれつつも、未だに後期中等教育の師範高校（四年制）で養成されている現実を考えるとき、このような提案は説得力を持っている。しかし、ベルグラーノの提案は教科書の新しいモデルの提示にとどまらない。彼は専門家により既に編纂された情報＝教科書の教員大衆による一方的消費を拒否し、様々なグループによって生み出された情報（本やフィルムなど）の批判的享受と平行して、生徒と共に学校を作業場として本、フィルム、新聞等の形で生徒によって実現された新しいコミュニケーションの推敲を行ない、旧来の教科書に依存した学習にかわるべきものとして、積極的に自分たちで教材を生産していくことを提起する。

このような教育の自由を実効的なものにしていくために、彼はさらに次のような提案を行なっている。

(1) 研究センターの創設。各センターは大学に拠点を置き、地域と連携して、研究者、教師の養成をはかり、カリキュラムと教材に関する学習の仮説作りを行なう。センターの管理は全関係者の研究の自主運営による。

(2) 研究のための財政は州に付与。

(3) 研究グループの編成は（ピアジェ認識論センターのような）学際的活動基準にしたがって行なわれなければならない。
(4) 教育単元と学習仮設の検査計画の組織化。実証は関与者の自主管理による。
(5) 教師、父母、全関係者間の情報、討議、照合の場としてセミナーの組織。

こうした提案の実現には様々な困難が予測されるとはいえ、学校のみならず、未来社会のための構造変革の展望の中で果されるべき質的飛躍の必要を説いた上で、ベルグラーノはひとつの教科書（読本）の研究グループのための提案を以下のようにかかげる。

(1) 年令水準の選択と心理的発達段階の基準の決定
(2) 教育単元 Uuità d'insegnamento におけるテキストの機能。その分析例①読書の刺激としてのテキスト②さまざまな言語形態の研究計画への案内としてのテキスト③さまざまなコミュニケーションの形態の雑誌としてのテキスト。生徒による研究方法の提案④教育単元の資料としてのテキスト⑤自習用としてのテキスト。言葉遊びと言語問題⑥さまざまな社会の人間の、科学的、政治的、技術的、芸術的伝達の歴史の記録としてのテキスト。各主題は心理学的、教育学的、社会学的、言語学的側面から分析されなければならない。
(3) 教育単元の決定①フィルム、図書、レコード、教材、教具（活版、絵具、映写機、写真機）の選択②選択された教具の組織化（(1)、(2)の研究で指示された構造上の）③テキスト案の決定（(2)主題の分析をもとにテキストの目次の明確化）④教育単元の他の教具とテキストの調整。この段階で、教育単元の調整指針となるカリキュラムと学習モデルが明確化される。様々な教育環境の差異に配慮して、調整は柔軟性をもたねばならない。⑤イラストの立案（このイメージによるプロジェクトは⑴、⑵の研究によって生じた指摘によく配慮しなければならない）。⑥教師用書の計画（教師用マニュアルは教育単元の様々な課の対案の利用、可能な変化と多様な適用を示唆しなければならない。さらに各課の文献、生徒用書と教育単元の計画で追求される心理学的、教育学的、社会学的、言語学的基準を明示しなければならない。）研究グループの中にこのマニュアルを使う教師の要求に答え得る情報センターをあらかじめ設置できなければならないだろう。

⑷　各教具とその調整に関して教育単元の検証（様々な地域—都市、農村、郊外、山地等—、年令、性、文化、社会階層にわたり、一学年以上の期間）

⑸　学習効果（二、三年間又は発達段階にそくして、創造性、問題分析、提案の批判的推敲、本の批判的分析の能力に関して）を考える教育単元とテキストの立証。

⑹　生徒用テキストと教師用マニュアルと教育単元の研修の準備。

なお、テキストと教育単元の立案研究グループの形成のために不可欠な専門家として、心理学者、教育学者、言語学者、社会学者、歴史論理学者、イタリア及び外国文学者、その他の専門家。デザイナー、写真家、映画製作者、教師、統計家、国立図書館々長があげられている。このような提案には反動的な教育内容をもりこむこともできるという反論が予想されるのに対して、ベルグラーノは確かにそのとおりだが、研究は現実の領域で利用されると、グラムシが実践とよんだ仮設の立証において、その解放者としての任務を明らかにする手段であり、集団作業、研究方法、教育問題の大衆的次元の配慮が今後の討論の課題だと主張する。

そして、日常の学校生活においてすぐに実践できる説得力ある対案を提起することが、教師や親を学校の今までとは異なった発展に導くことになるのであり、ブルーノ・チャーリやマリオ・ローディは教育方法の厳正さと再生産の可能な、有効な成果を学校で提供したので、学校と社会の革新に寄与し得たのだという。(12)

初等学校指導要領と教科書制度の変遷

こうして、七〇年代には民主的教師たちが学校で、子どもたちと共に学習するなかで、自由作文や多様な作品、実験、調査、新聞、他校との文通などの実践を通じて自主教材を生み出し、教科書を副次的なものとする一方、いくつかの研究グループによる新しいモデルの教科書も少しづつ、市販されるようになった。

このような気運のなかで、公教育省は教科書批判と採択拒否により自主教育の実践をすすめる運動の普及をとどめようと、現行規定を盾に警告した。しかし、特に、教科書の大衆的拒否に成功した北部イタリアの若干の地域については、教師の運動に対する地方行政当局の態度は、先にも見たように、それほど一様ではなく、時に強固な強制があるかと思うと、時には放任される場合もあった。このような事情について理解するためには、現行法規定を検討してみる必要があるが、その前に、ここでもっとさかのぼって、国家統一以後のイタリアの教科書制度の変遷を簡単に探っておきたいと思う。

近代イタリアが統一国家として発足して以来、イタリアの小学校教科書は一言で言うと、教育省の監督の下に、省委員会、州委員会、県委員会の設置、廃止、再建による委管と教師の選択の自由を交互に繰り返して来た。

一八五九〜一八八〇年の間は教科書の選択は高等評議会と県評議会に委ねられ、一八八一〜一八九三年には教育省と県レベルの委員会が廃止され、学校評議会に委ねられた。一八九四〜一九〇二年には省と県の委員会が再建され、一九〇三〜一九一四年には再び省の委員会が廃止されたが、一八一五〜二二年には再建され、県委員会は廃止されて、この間、教科書は教師の自由な選択に委ねられた。一九二三〜二八年には州委員会が設置されたが、再び廃止されて省委員会が再建された。一九二九〜四二年にはファシズム体制下で国定教科書が採用された。[13]

戦後は一九四四年に省委員会が再建されたが、四七年には教科書検定委員会は廃止され、教科書は教師の選択の自由に委ねられている。出版社は教科書を市場に流布する前に公教育省に五冊を送ることになっている。各教科書の採用禁止措置は公教育大臣に権限が委ねられているが、そのためには公教育高等評議会の見解にもとづかねばならない。[14]一九四八年の規定により、教科書の選択はたとえ同僚たちの反対意見が表明された場合にも、最終的には各教師に委ねられている。[15]これらの規定は後にもみるように、現行のものである。

戦争直後には国定教科書の名残りを消す努力が行なわれた。一九四五年の初等学校指導要領は連合軍政府の公教育顧門ウォッシュバーンの影響により、デューイの活動主義や、ナショナリズムの克服をめざすための人類愛が基調となっている。教育の統一性、「学童の現実的条件と地域の要請」にみあう必要性から、時間割は教師の学習計画におきかえられ、概してプラグマティックで、博愛主義的な内容となった。教科の最初にかかげられた宗教は宗派にとらわれず、カトリックの教義に基づくキリスト教を教育の「基礎と完成」とする一九二三年の指導要領及び一九五五年のそれの中間にあって、カトリックの教義にとらわれない、市民的モラルの形成に有効な隣人愛をかかげていた。道徳、公民教育、体育については、デューイ的活動主義による学校共同体の自主管理を集団活動の訓練によって学ぶ共同生活の要としており、国家の概念も一九二三年のヘーゲル的倫理国家の規定から一転して、各人の自由の擁護をかかげ、学校と環境の関わりを重視し、社会性の養成を公民教育の柱にしている。また、体育はファシスト的競技精神の軽減に配慮している。さらに「道徳生活と経済的福利の源泉」として労働を教科に取り入れたり、イタリア語の最初の読み書きの方法は教師の自由に委せ、はじめて学級図書をとり入れるなど、概して進歩的なものであった[16]。

しかし、一九四七年から四九年にかけて行なわれた教育改革のためのゴネッラ文相による大々的な教育調査の結果は、レジスタンスを闘った革新的勢力の取り組みの成果よりも、ファシスト経験で画一化された教師集団の無気力を反映していた。この調査に回答を寄せた大多数の教師たちは教科書検定委員会の再導入を望んでいた。さらに教科毎の別冊よりも合冊の教科書を好むと回答していた[17]。これは後にみる五五年の指導要領に反映することになった。それは以下のような一般社会情勢とも対応していた。

一九四七年を転期にして、新憲法体制下の四八年には政治、社会情勢は一変することになった。最初の立法議会選挙は国際的冷戦情況のなかでキリスト教民主党が主導権をとり、民主人民戦線は後退して政府から排除された。教育政策もこれを反映して、憲法に規定されたように、すべての国民に等しく教育権を実効的に保証するための教育改革ははかばかしい進展をみせず、困難な歩みを開始することになった[18]。このような情況の下で、五〇年代の教育政策は反動的なものとなり、五五年に制定された現行の指導要領は四五年のそれに比較して後退したものとなった。

四五年の指導要領はゴネッラの教育調査でも明らかになったように、あまり成功しなかった。それは戦後の混乱という困難な社会事情もあったが、この指導要領の「民主主義」と「プラグマティズム」がイタリアの文化的伝統―特に観念主義的な教育のイデオロギー―になじまなかったためであった[19]。師範高校の指導要領改訂にもりこまれた教育学のBカリキュラムの問題設定も失敗におわった。そして、一九五一年にキリスト教民主党の文相により任命された諮問委員会の提案した新指導要領は発行されなかったが、五五年の指導要領の基礎となった。

五五年の指導要領は既述のとおり、カトリックの伝統に基づくキリスト教義の教育をその「基礎および完成」とする規範に戻り、世俗的社会的価値にはふれず、四五年の指導要領にみられたアメリカの影響を排除したが、なお、その指針には広範な個人的精神的自由が教育目標としてかかげられている。そして「国家は固有の教育方法論を有するものではない[20]」と明記されている。

しかし、その一方で見逃がせないのは「初等学校教科書編集規準及び注意[21]」である。ここには教科書編集のための基準と印刷上の注意が細かく規定され、検定がない代りに、形式面から統制の枠がはめられている。まず、教科書 libri di testo の目録が次のようにかかげられている。小学校一、二年（第一サイクル）用には二部又は二巻（各学年に一部又は一巻）に分かれた、同じ題名の統一読本 libro di lettura unitario である（この統一というのは、各教科別ではなく、すべてを含むという意味である）。三、四、五年（第二サイクル）用には三部又は三巻（各学年に一部又は一巻）に分かれた、同じ題名の読本 libro di lettura の他に、三部又は三巻（一学年に各一）に分かれた同じ題名の統一副読本＝教科書 libro sussidiario unitario があり、この副読本の内容は、三年用が宗教及び歴史、地理、自然科学の読み物と算数、幾何で、四、五年用が宗教、公民教育及び歴史、地理、自然科学、衛生の読み物とイタリア語と算数、幾何となっている。

さらに、読本編集上の注意としては、教育の段階性を尊重し、生徒の経験に配慮して、読み方は挿し絵入りで、漸次、言葉を増やし、早期の系統性を避けて、エピソードによる教育に根ざしながら、断片的にならないように、個人及び社会生活の問題にもふれつつ、次第に子どもの経験を広め、深めるように配慮し、言語教育の有効な手段とする、と記述されている。さらに、読本には教科的性格の内容を禁じて、副読本＝教科書についての注意にも別項を設けている。そこには、教育内容にはふれていないが、知識の過重な系統性を避けて、個人の能力にみあった練習問題を漸次に展開すべきことなど、カリキュラムを組織する上での注意が規定されている。また、別項に、教科書製作の技術上の注意として、イラストレーションのあり方や活字の大きさや本の判型まで規定され、さらに定価を一定の範囲におさめるために最高構成頁数まで定められている。

一方、一九四五年の指導要領に付された教科書編集上の注意は三、四、五年用には教科毎の別冊を規定していた。[22]四八年には合冊でもよいと規定されたが、その義務は批准されなかった。[23]それが、五五年にはここにみたように、ファシズム期の規定と同様な全教科を含む合冊本に戻った。これは出版市場の合理化と同時に、教師の選択の範囲を狭めるものだった。

一九六四年から小学校の教科書は無償になり、ここでも又国庫負担の抑制の要請から教科書の経済性が正当化されるために、教科書の規準の厳格さが通達でしばしば強調された。[24]こうして、六〇年代の半ばまでに教科書は画一的なものになった。

教科書採択の自由に関する制約と新しい展望

七〇年代初頭の教科書をめぐる論争で最も活発な議論が展開されたのは、教科書の選択の義務の有無についてだった、とスパッラロッサは八〇年四月にパヴィア大学で開かれた「八〇年代の初等学校教科書、教材に関する全国会議」で以下のように報告している。

教育協同運動ＭＣＥのメンバーや労働総同盟の教員組合 CGIL-scuola などを中心とする教師た

ちの運動は、以下のようなことを根拠にして、教科書選択の義務のないことを主張した。即ち、①教育の自由②教科書選択の義務性の明記した法律の不在③一九五五年の指導要領の精神（教科書よりも生徒の環境を重視して、様々な教材の使用を奨励している）④一九七四年の教員（国家公務員）の法的身分規定D.P.R. 31.5. 1974 n. 417の「教師の役割」について述べた第二条に教科書採択に関する言及がないこと、などであった[25]。

これに対して現行法についての教育省の解釈は全く反対で、教科書の採択を当然の義務としていることは、毎年、その選択の仕方に関して出される通達に現われている。例えば、新規の採択は学年末に二年生の教師が第二サイクルの教科書を、五年生の教師が第一サイクルのを選ぶことになっているが、出版計画の要請から、後での変更は品切れでないかぎり認められず、テキストを選んだクラスを担当しないことが明らかな場合にも、学年始めに実際の担任者が選択するまで採択を中止して待つことは出来ない。さらに新設のクラスは既設のクラスのテキストの中からのみ選択できるし、クラスが分割される場合には二つのクラスは同じテキストを採択することになっている[26]。教育の継続性という点からいえば、教科書が変ることよりも、教師が変っても教科書が変らないことの不都合の方が教育的配慮に欠ける場合があると思われるが、このような選択についての規制や前述の教科書編集、印刷上の形式的な側面からの規制によって、実質的に教育活動を条件づけようとしている、というわけである。

さらに、現行規定では教科書の選択と採用はまず、学年評議会により教科書の比較検討を行ない、教師の提案と学年評議会の見解により、教員会議が最終的選択を行なうことになっているが、既に二で述べたように、一九四八年規定（教員会議の指針に反しても、各教師に最終的権限がある）は現在も有効である。これはファシズム期の国定教科書制度の克服のためには、教科書を教師個人の選択の自由に委ねて、教育の革新をはかるために適した措置であったが、七〇年代半ばに合議機関が（一九七四年代議員法令により）教育制度に導入されて以降は、このような個人主義は合議制による教室の運営にしばしば支障をきたすことになっている、とスパッラロッサは指摘している。[27]

一方、一九七七年八月四日法律第五一七号（生徒の評価及び追試験廃止その他学校制度の修正規定）第一条により、生徒の評価も学年評議会の教師たちの合議に委ねられて、落第等のデリケートな状況に関する評価等の教育活動も教師個人よりも学年評議会の合議の回復の方向に発展しつつある。さらに重要なことは同五一七号法第五条には、教員会議によって認可された実験を行なう小学校の教室には実験計画に含まれた図書の指示により、教科書に代る教材の、地区評議会による購入費（教科書相当額）の利用が認められることになった。しかし、地区教育評議会の教科書に関する権限はどこにも明記されていない。このような状況について、スパッラロッサは教科書、教材の選択にも教員会議や地区教育評議会がその方針についての権限を持つのでなければ、このような制度は有効にはなり得ないという。

しかし、このような問題点は指摘されても、教科書不採用の実験の可能性は七四年の代議員法令第四一九号によって既に見越されていたが、七七年のこの法律第五一七号によって、教科書採用をやめて、他の教材を使う実験を行なうときには教科書費相当額の利用が認可されて、ともかく、選択を義務としない原則が確認され、運用されることになった。さらに、その他の手段、工夫も行なわれ、合法的外見の下に、それらの試みは地方教育行政当局の側から時には奨励され、時には見過され、時には知られないままに、公けに妨げられることは希れになった。例えば、教科書を採択しても使用せずに、本屋と合意の下に他の教材と取り換え、各クラス間で本を交換し合ったりする。又は新担任が決まるまで教科書選択を延期するための拒否を行なったり、教科書にかわり、又は追加する教材用の財源は家庭や学区の予算、公共団体によってまかなう、などの試みが行なわれている。しかし、これらの経験は常に不確実で、準非合法性と教育省の介入の可能性にさらされているという。(28)

法律第五一七号は教科書不採用を方法論的、教授学的実験とみなして、教員会議の認可があれば許可することにしたが、そのためには、教師は教育革新のイニシァティヴの動機を明らかにする実験計画を教員会議に提議して認可されることが必要とされ、教師が単に流行や何か変ったことを試みる願望などに左右されないように規制した。ともかく、これによって選択を義務としない原則が実験的に運用されることになったが、教員会議の議論が実験の革新を妨げる官僚的手段とならないように、実験計画を提起する教師には、同僚にその成果を普及しうるような実験資料を吟味した手続きによって提示することが要請される一方、教師集団が各個人又は小グループの活動を支持する手段となることが実験の成功のために必要とされる。

さらに、学習権に関する行政権の、国家から州、地方公共団体への移管もまた、教育の自由の保証のために新しい展望を開くものである。一九七七年法律第六一六号（D.P.R. 24.7.1977）は小学校の教科書無償配布を市町村の関与に委ねた。このような措置によって、地方公共体の行政が教科書にかわる本の購入や市の図書館の経費を学校に付与したり、法的、政治的に教育行政の処分にさらされた教師を支援するなどのことも可能になった。今後、学校と公共体とのより緊密な協力が、新しい規定を利用、開発して、教科書の採用手続きと使用の様式をより柔軟にすることに寄与し得る可能性に展望を開くものと期待されている。

基礎学校改革法の要請をめぐって

なお、五五年の指導要領は二八年の勅令を背負った、時代の要請にあわないものであることは周知の事実であり、そのために法を完全に無視することが合法化されるほどで、教育省はこのような状況で、次々に省令を発行して行政的措置でしのいで来た。アルベルト・アルベルティは教育階梯のつなぎ目が特に順調にいっていない、と国勢調査の第一五回報告を引用している。それによると、小学校一年生の落第が二％（他の学年では一％前後）、中学一年生が十％にも昇るという。その理由としては、小学校の教師が就学前の形成過程を軽視していること、小学校のサイクルが次の課程へ開かれていないこと、国立幼児学校の「指針」自体が小学校の準備教育ではないと主張されていること、小学校就学前の子どもの状況が多様であること（国公、私立幼児学校、家庭内教育等）などを指摘している。[29]

このような状況下で八〇年代に入って、新しい初等学校法制化をめざす動きが活発になっている。特に民間の教師たちによる教師民主センターＣＩＤＩの提案した「初等学校新原則と目的」法案[30]は一九二八年の勅令にかわる共和国の法律を議会で議論するように促進するために提起された。ＣＩＤＩの提案は七条からなり、（第一条）初等学校の目的を「人間と市民の発達と助長」におき、そのために現実理解の基礎的手段を提供し、それへの関与能力を助長し、子どもを考察、照合、批判的精神、社会的関係、民主的生活に導く。このような形成に基本的な契機として(1)読み、書きその他様々な表現力の基礎技術の獲得(2)数学の操作的、論理的能力、自然界の観察、分析、関与の操作手段の獲得を通じて、基礎的科学的能力の開始と発達(3)歴史、地理の調査を通じて、社会組織とその発展及び人間と環境の関係の認識への接近(4)心身の調和的発達の中で、学習の支えとして運動への恒常的留意をあげ、このような知識と能力の組織化が必要だとしている。（第二条）このような目標のもとにカリキュラムを組織し、中学校の教育課程と有機的に連関させるべきこと。（第三条）宗教教育は親の明白な要請にもとづき、各宗派の権威によって定められたカリキュラムにより、各宗派の代表によって展開されるべきこと。（第四条）文化の多元主義にもとづき、文相が任命する専門家の委員会により新指導要領を作成すること、などを提唱した。

これに対して社会党は「基礎学校に関する新規定」法案[31]を提出した。それによると、幼児学校を任意制で二年として、小学校は五才から義務制にして、中学校との継続性をねらっている。

十万以上の署名を集めたCIDIの民間法案、全国レベルでの討論、二大左翼政党の法案、教育協同運動MCEとイタリアカトリック教師協会AIMC所属の教師たちのさまざまな実験の影響は、一九八一年五月一四日省令によって設置された公教育省の初等学校教育課程改革研究委員会の「初等学校教育課程の一般的基本方針」に関する報告（八一年六月一〇日〜八二年三月二〇日まで九ケ月の作業後に文相に提出された）を決定的に方向づけることになった。[32]

まず、委員会の報告は宗教教育については、五五年の指導要領のカトリック教義を教育の「基礎と完成」とするかわりに、親の要請により「任意の宗派教育」を保証するよう示唆している。さらに基礎学校（幼児、初等、中学）の各段階の継続性の必要と、五才で就学普及の必要を述べ、初等教員の大学での養成と全教科担任教師の克服、教育時間の延長（週二四時間から三二時間へ）及び教育課程の学校外（家庭、近隣、遊びの環境、余暇、特にマスメディア）との継続性（仲介、批判的解釈の場としての学校）を主張している。

初等学校の基本的課題は、多様な環境から来る子どもに配慮しながら、出来るだけ、共通の目標に導くことであって、指導要領は目標をあらかじめ指示すべきだというだけで、（如何にして目標に到達するかは地域のすべての公共組織との組織的協力の下に、学校の教師と合議機関が主体的にとり組むべき課題であり）この報告は一般的方針なので当然のことながら、他には何も言及していない。

報告は教科書＝「副読本」については教科毎の別冊にして、教師が不均質な合冊本を採択する不都合を除くことを要求しているが、「読本」についても「教科書編集規準」についても何も言及していない。そのかわりに、教育活動、教師の研修、子どもの読書のために学校図書室の最大限の発達を期待し、教師の選択の自由は教科書だけに限定せずに、法律第五一七号（第五条）に規定されているように「オルタナティヴな教材の使用」にも拡大すべきだとしている。

この「初等学校教育課程改革研究委員会報告」について、CIDIは自らの闘いの有効性と寄与を確認し、(1)委員会が今後の政治的、文化的、専門技術的論争の基礎として「問題点の浮き彫り」にその作業を限定しながらも委任された仕事を正しく解釈し、(2)教育目的を憲法にてらして、一九二八年の勅令第二七条の「基礎と完成」の克服すべき必要性を明確にしたこと、(3)教育課程の柔軟性の中にも、学校の第一の課題は子どもに今日不可欠な知識と能力を提供することでなければならない、という目標を「規範的」に規定する必要を強調したこと、(4)基礎学校は今日、行政的のみならず、法的取り組みを必要としていること、を明確に認識したことを評価しながら、それだけでは充分ではないとして、法制化のために議会の組織的な介入を今後も要請していく、と声明している[33]。

これに対して、MCEは、委員会の報告が学校と他の公共組織との協力関係を積極的に助長しようとする努力は認めるものの、そのためには、教育構造の再編成、特に教師の仕事の問題に取り組むべきだったと指摘する。学校を情報の単なる受身の受容から批判的解釈の場と規定する必要を強調しながら、教師が古い姿のままでは、様々な地域の現実の要請に基づき、地域との結びつきを助長し、技術的、教育的権限の拡大を進める付帯的な姿 figure collaterali は予測されない。

さらに昔ながらの教科の分割の再評価と教科書の是認が加わり、結局、何も変らず、労働の再編成の問題は手つかずのままで、委員会のよき意図はあまり価値がない、と手厳しく批判している。(34)

ＭＣＥの教師たちがめざす、学校を草の根の民主主義の拠点として、教師が子どもたちと相対的な地位にいて、地域の公共組織との連帯の下に、未来の自治体の主権者を形成していくという課題を公的な学校制度の再編成にまで組みかえていくことは前途多難とはいえ、彼らは自らの昨今の運動の歴史をふまえて、「しかしながら、教育活動の大部分は自立的に、時には公けの機関で画された大方針とは対立的に展開し続けた」とベルトーニ・ヨーヴィネ（『一八七〇年から今日までのイタリアの学校』）と共になお、云い続けることができるという見解を表明している。

注

（1）はじめは一九六九年に謄写板刷りで、次に《Realtà portuali》n. 12 del 1969に、さらに《Riforma della Scuola》誌に掲載され、さらに抜刷りが出されて、様々なグループやサークル、党派の議論をまきおこし、レッジョ・エミリア市の主催による教科書展に発展し、数多の論文に引用された後、AA. VV., I libri di testo, Editori Riuniti 1977 (1972) に再録された。

（2）Scuola di Barbiana. Lettera a una professoressa, Libreria Editrice Fiorentina. 1967. バルビアナ学校著拙訳「イタリアの学校変革論」明治図書1979年。

（3）Mario Lodi, Il paese sbagliato, Einaudi 1970. なお、拙稿「マリオ・ローディの一日」東京都立大学人文学報第一五〇号、一九八一年刊参照。

（4）Bruno Ciari, Le nuove tecniche didattiche, Editori Riuniti 1961.

（5）Enzo Catarsi, Bruno Ciari e il libro di testo, in《Scuola e Città》n. 11, 1981 pp.481-486.

（6）AA. VV. I libri di testo, Riuniti 1977 op. cit. Che cosa studiano i nostri figli. p.9.

（7）Il leggere inutile, indagine sui testi di lettura adottati nella scuola elementare, Il puntoemme Il, Emme Edizloni, 1971, p. 108.
（8）AA. VV. I libri di testo, op.cit. Fernando Rotondo; Il mercato delle vacche grasse, pp. 79-132.
（9）Ibid.
（10）Ibid. Giorgio Bini; Contro il libro di testo, p.70.
（11）Il leggere inutile, op. cit. Il posto dei libri di testo; appunti per una ricerca che si dovrebbe condurre di Giovanni Belgrano, p. 109.
（12）Ibid. pp.112-116.
（13）Armando Armando; Il libro di testo, 1951（Biblioteca dell' Educazione 37）, pp. 483-484.
（14）D.L.C.P.S. 16.10. 1947. n. 1497.
（15）D.P.R. 28.1. 1948.n. 175.
（16）なお、一九四五年の新教育課程の消極的な側面と限界についての分析は拙稿「戦後イタリアの教育改革」（世界教育史大系13「イタリア・スイス教育史」講談社、一九七七年所収）参照。
（17）《La riforma della scuola》. Le conclusioni dell' inchiesta nazionale per la riforma della scuola, suppl. al n.16, giugno 1949, p 42.
（18）前掲「戦後イタリアの教育改革」参照。
（19）Antonio Santoni Rugiu, Ideologia e programmi nelle scuole elementari e magistrali dal 1859 al 1955, Luciano Manzuoli Editore, 1980, pp. 95 e segg.
（20）D.P.R. 14.6.1955 n. 503《Programmi didattici per la scuola primaria》 Premessa.
（21）D.P.R. 23.11. 1955 n. 1388《Norme e avvertenze per la compilazlone dei libri di testo per le scuole elementari》

(22) D.M. 9.2. 1945.gli allegati A e B.

(23) D.P.R. 28.1. 1948.n. 175.

(24) Carlo Spallarossa, Norme legislative e prescrizioni ministeriali intorno al libro di testo per la scuola elementare, Ia relazione nel convegno nazionale sul tema "Libro di testo e materiali didattici nella scuola elementare degli anni '80". 23-24 aprile 1980. Pavia, Uuiversità degli studi, Aula del '400.

(25) Ibid.

(26) Ibid.

(27) Ibid.

(28) Ibid.

(29) Alberto Alberti, dintorni di una proposta, in 《Riforma della Scuola》, pp. 10-12, aprile 1982.

(30) Legge di initiativa popolare《Nuovi fondamenti e finalita della scuola elementare》proposta dal Cidi, in《Riforma della Scuola》, n. 9-10, 1981, p.4.

(31) La proposta di legge n. 2967.《Nuove norme in materia di scuola di base》, I socialisti per la scuola di base, in《Riforma della Scuola》, aprile 1982, pp. 7-9.

(32) La relazlone sulle《Linee fondamentali e generali dei programmi di insegnamento nella scuola elementare》presentata al ministro dalla commissione per i nuovi programmi elementari,"è partlta" di Mario Di Rienzo, in《Riforma della Scuola》, maggio 1982, pp. 5-9.

(33) Il parere del Cidi (Centro di Iniziativa Democratica degli Insegnanti), In《Riforma della Scuola》, maggio 1982, p. 6.

(34) Il parere del mce, ibid. p.8.

人文学報　教育学(18)　首都大学東京　一九八三年

イタリアの教育と教育学研究――インテグレーションの現在

競争原理から協同原理へ

「子どもに不寛容の芽を培うことほど危険なことはない。市民社会の教育課程において寛容な精神の形成は基本点であらねばならない。

寛容の理性は理性そのものの中にある。真理（神が、あるいはアリストテレスが、あるいは党主がそれをいった）の断言のドグマ的形態に理性は諸断言の批判的検討を置き換える。権威の精神に自由の精神を置き換える。強制的説得に根拠のある確信を。」

「知育の問題は基本的である。学校はそれに無関心でいられないが、それは、他人によって混乱させられた問題を解決するためではない。学校は健全でしっかりした知的道徳的構造を建設しなければならない。新しい人間を、寛容な人間を形成しなければならない。

信仰と政治思想の分野においては、異なった思想や宗教の人々や、自分たちのように考えない人を『悪者』だと考えないような、とらわれない精神の持ち主の間には共存の可能性を期待させる熱情がある。この解放思想の歩みは容易ではない。……今日の子どもは、もし彼が閉鎖的で、恐怖心を持ち、不寛容に育つならば、それは非人間的な意図により、誰かがそのように育つことを望んでいるからなのだ。真に自由な人間には応えなければならないので、そんな人間を恐れる誰かが。そして、その仮面をはぐのは、教育者の課題だ。」

「……（ディーネスの）論理ブロックは、他のあらゆる構成された教材と同様に、一つの閉ざされた世界であり、その中で私たちは思考力を訓練するのだと思いこむ。知性は教材の限定された範囲内で教育されるものではなく、教材はあらゆる種類の教条的なものと似て、そこでは前もって作られた配合だけが〈発見〉される。

もし私たちがその限界を飛び出せば、全世界は私たちのものであり、私たちはそこで自由に動きまわれる。そうすれば、比較し、理性を働かせ、体系づけ、選択し、再構成し、創造する論理的活動は一つの意味を獲得する。教材は結構で、簡単で便利だが、もし人間が働く現実の中で、概念の転移の可能性がなければ、スガン親方のヤギの綱になるかもしれない。ヤギは自分に割り当てられた草を食べねばならず、そして自由だと感じねばならなかったのだ。」

「……ピアジェから役立つところだけをとり、それを教授機能に適合させ、新しい理数科課程を作成し、わずかな年月で莫大な数の技術者と科学者を生産しなければならない機械を始動する。デューイを一蹴して、学校は威信と力の政策の枠内で、テクノロジーの競争に奉仕し、そして最高の成果をあげる高度に機械化された生産の内部に明らかにとりこまれている。

かつて教育の目的であった人間は、科学技術の効率によって代えられ、手段となる。

著名な科学者たちはこの〈手段〉をその最も深い反応において研究し、彼が生命の初期の年月から知的論理的能力を疑いもなく有することを発見する。三歳で読むことを習得できて、特別な教材で訓練すれば、その年頃には古い学校では解けなかったような複雑な問題を解き、そして特に非常に早期に数学的概念を形成することができるということを発見し、証明する。彼らはあらゆる注意をはらって〈手段〉人間を大きな体制の計算する（そして思考しない）歯車の一つにするために身を投ずる。

この時点で、私たちの（教育協同）運動がこの数学（集合論）に関心を持ったのは学習時間の短縮のためではなく、数学が〝思考することを教育する〟ための基本的な道（方法）であるように思えたからである。数学と関連科学を通じて知性を発達させ、子どもたちを科学者の思考や行動の仕方に近づけ、彼らのように共同で作業し、人間的諸活動のあらゆる分野に移せる批判的習慣を創出する。

私はこの数学の新しい学習を拒否することはできないと思うが、知性は人間的諸活動の全範囲に発達させられなければならないということも確信している。

私たちが発達させたいと思う知性は、調和的で総体的でなければならない。問題を洞察し、人間的脈絡の中で奉仕すべき機械全体のことを考えてボタンを押すのでなければならない。子どもたちは教材から現実に、事物や人間に移ることを知らなければならない。われわれ人間世界の現実の中にこの出口を彼らが持っている場合にのみ、能力と知性は分析と計画と闘争の革新的な道具となり得るし、人間を物のように考える者を、ブーメランのようにたたくことができる。」

冒頭からいささか長い引用になってしまったが、これらの言葉はすべて、現代イタリアの著名な教育者マリオ・ローディの一九六〇年代の小学校教育の実践記録『わたしたちの小さな世界の問題』（原題『まちがった村』一九七〇年刊、拙訳、一九八八年刊）の中から、著者ローディの覚え書きの部分を抜粋したものである。二一世紀を前にして、私たちの社会も政治も教育も大きな構造変革を余儀なくされているが、これらの言葉は三〇年近く経った今も決して古びるどころか、ますます切実なインパクトを私たちに与えずにおかない。

現代イタリア教育の一般的傾向として、最もポジティヴで興味深い点は、私見によれば、ここに述べられているような柔軟で自由な精神と創造的知育、批判精神の形成の重視という原理的特質とその実現のための果敢な社会的取り組みにあるといっても決して過言ではない。その根拠は共和国憲法に規定された諸原理にある。つまり、「思想と言論の自由、諸権利・義務の平等における人格の尊重、競争のかわりに協同、子どもの表現力・創造力・論理的社会的能力を解放しつつ文化を生産するということ」（前掲ローディ訳書の「日本の読者の皆さんへ」）である。

ファシズム崩解後、新憲法体制下で、北イタリアの農村地帯の公立小学校教師として出発したローディも、一貫してこのような人権教育の実現に努力していたが、イタリアの教育において、一般に人権教育の具体的実践が顕著な実りをもたらすのは六〇年代以降である。

六〇年代に、旧来のイタリアの公教育の選別的機能を批判して、義務教育は落ちこぼしてはならないと、「憲法に保障された学習権をすべての者に」と主張したのは、ドン・ミラーニのバルビアナ学校であった。当時、カトリック司祭として教会の内部から人権保障の改革運動の先鋒に立って、民衆教育と言論界で活躍していたドン・ミラーニは、教会の不興を買って、北アペニン山脈の寒村ヴィッキオからさらに山中に孤立した、バルビアナの既に廃寺となっていた中世の小教会に流刑された後、公教育から落ちこぼされた近隣の村々の青少年たちをそこに集めて人権教育を行なった。

このバルビアナ学校を訪問したローディの提案で、ドン・ミラーニの子どもたちはローディの学級との文通を始めることになった。これに示唆を得たドン・ミラーニの作文指導で、バルビアナの子どもたちが協同学習の成果として発表した『イタリアの学校変革論』（原題『ある女教師への手紙』一九六七年刊、拙訳、一九七九年刊）がイタリアで出版されるとたちまちベストセラーになり、イタリアの教育改革運動を触発することになった。

時あたかも六〇年代末の学園闘争と労働運動の高揚期にあたり、これらの潮流と連動して、七〇年代には競争原理から協同原理へと社会的枠組を変革する動きへと発展していく。

インテグレーションの歩み

ここでは、その協同原理を最もラジカルに表現することになったイタリアの教育におけるインテグレーションの歴史に焦点をあてて、その流れを追ってみたい。

一九六一〜六二学年度からすでに始まった障害児の普通学校での教育とリハビリテーション援助の試みは、公私立学校ともに、特に特殊教育の盛んであった北部で開始された。普通学級へのインテグレーションを速やかに進めるために設置された特殊学級は障害者に限らず問題児をも含んでいたが、その設置意図に反して、生徒を特殊学校へ送りやすい環境を用意しつつあった。

一九五六年から六〇年代末までに国家は特殊学校の質と教育効果を高めるために、入学には専門家の診断を課し、大幅な財政的措置を行なったが、結果は特殊学校を強化することになった。このような環境の中で、障害者の分離に反対する初期の教師たち（特に特殊学校の）の生徒を普通学校へ戻す試みは始まったが、彼らの信念は経験上、教育環境は人工的に病理学によって設定するのではなく、なるべく自然で普通でなければならないし、個人の生活経験の構造を豊かにするものでなければならない、さもなければ、成人するまで普通学校へ戻ることは不可能になってしまう、ということであった。

イタリア議会は一九七一年三月三〇日法律第一一八号によって、普通学校への就学権を障害児を含むすべての者に認めることになった。詳細な規程は一九七七年の法律第五一七号まで待たねばならなかったが、ともかくこの法律に先行して、障害児の普通学校への就学権の行使が始まった。そして、障害児を受け入れた普通学級では組織的専門的な研修を受けたことのない教師たちがしばしば困惑する事態も起こった。

一方、当初、特殊教育の教師たちがこぞって普通学校への統合に賛同したわけではなく、彼らは失職の恐れやイデオロギー上の理由から多かれ少なかれ反対していた。

しかし、今日では、普通学校における障害者の存在はもはや目的ではなく、教育と再教育、リハビリテーションの条件であって、障害者自身の人間関係の創出や彼の障害によっておこる不能にかかわる個人的な能力をきたえ、潜在力を使用することを可能にするものとなっている。ということは同時に、障害をもつ生徒の存在によって、学校はより柔軟な対応を迫られている。そして近年の出生率の急速な落ちこみとその結果として定員を大幅に上回る教員数は学校側の柔軟な対応を可能とした副次的な理由にあげられている。

その過程をふりかえると、一九七一年法律第一一八号に基づいて、七七年八月四日法律第五一七号は義務教育の特殊学校と特殊学級を廃止し、障害児を普通学校へ統合すると同時に、点数に基づく生徒の成績評価を廃止し、障害児のための補助教員と小グループによる合科カリキュラムや必要に応じて個別化された特別カリキュラムを導入する。

イタリア公教育に関する主な法規のうち、インテグレーションについて、特に重要な契機となったものは第一に、イタリア共和国憲法（一九四七年）第三条（市民の社会権と障害を除く共和国の任務）、第四条（労働権とそれを可能にする条件の促進。社会の進歩を支える市民の義務）および第三八条（障害者の教育権、職業権）に規定された市民の平等と尊厳、そしてあらゆる障害を除く国家の義務である。

第二に、この憲法規定に基づいて、既述のとおり、六〇年代の学園闘争と労働運動を経て、七〇年代には、競争原理から人権保障に基づく協同原理へと教育構造の変革と法改正が実現することになった。その根拠は、前述の一九七一年法律第一一八号であり、障害者の教育は義務公教育の普通学級で行なわれることを規定（第二八条）した障害者の権利法である。そして、七七年法でインテグレーションに関する詳細な規定が実現した。

第三に、一九八七年にはさらに進んで、憲法裁判所の判決第二一五号により、中等教育についても同等の権利を保障することになった。一九七一年の法律第一一八号は中学校への障害者の就学権を「保障する」のではなく、「促進する」としている点で憲法（第二八条第三項）違反だとした。

以上の三つの基本的な法規的コンテキストから、イタリアのインテグレーションに関する権利義務規定が確立することになった。一九七九年には中学校教育課程が改訂され、一九八五年には小学校教育課程が改訂されたが、これらの規定に基づき、一九九〇年には法律第一四八号により小学校改革が行なわれ、一九九二年には法律第一〇四号により障害児援助カリキュラムが制定された。

さらにイタリアの状況を詳細にみると、一九八六〜八七学年度において、普通義務教育（および国立幼児学校）に就学している約六五〇万人の学童のうち、約一〇万三〇〇〇人が障害児であり、これは全体の一・五六％にあたる。八八〜九〇年度には、二・一％に拡大している。これはごく少数の例外（重障児と家庭的要因による）のみが特殊学校に残存していることを示している。六歳未満の障害者は二・四％であるが、五〜六歳児の措置率は障害者の五〇％、三〜四歳児の場合は障害者の二五％の措置率になっている。これは幼児教育が義務教育でないことと、就学前の幼児の場合は障害児は専門施設で個別の治療を受けるのが基本だからである。

九二〜九三学年度の普通学校への障害児の措置率は義務教育では小学校が一・八六％、中学校は二・二九％、幼児学校は〇・九二％、高校は〇・二三％である。また、学校に措置された障害児の障害種別では二一％が身体障害で、精神障害は七九％となっている。

普通学校におけるインテグレーションを保障するための援助教員は全国レベルで障害児約二一・五人に一人である。

つぎに、援助教員を普通学校へ導入する方策についてみよう。障害児のいる家庭では、通常、就学前に地域保健機関により、治療とリハビリテーションの援助を受け、就学六ヶ月前に国の保健サーヴィスによる障害の臨床記録が親から学校へ送られる。これによって学校は一九七七年の法律第五一七号に基づく財源を確保する。通常、小、中学校は一クラス二五名が定員であるが、障害児のいるクラスは最高二〇名までに生徒数が制限され、一クラスの障害児は二名までと定められている（これは幼児教育および高校も同じ）。そして障害児二人につき一校に一人の専門援助教員が配備される。この教員は障害児の傍らで、あるいはその生徒を含む小グループに付き添って授業の援助をするか、必要ならば、個別にその生徒と仕事（学習）をする。つまり、この教師はクラスの課題と障害児の技能訓練の仲立ちをし、障害児に受け入れられやすいように教材や課題を単純化するなど工夫し、生徒が理解したかどうか確かめるなど特別の配慮をする。

援助教員は教育省の組織する二年の専門課程（各年六五〇時間）で特別研修を受ける。（まだ国家公務員になっていない教員には有料の私設研修課題もある）。この専門課程は特定の障害に関するものではなく、どんな障害でも扱えるように統合されたコースになっている。紙幅の制約からカリキュラムの詳細は省略するが、その全課程の半数以上の時間は教育学、心理学、専門教育技術に関するもの、三〇％以上は学校での専門的研修活動、一五％以上は障害に関する医学的情報となっている。しかし、イタリアでは、リハビリテーションは完全に学外の地域保健所によって行なわれる。実習は学級での熟練援助教員の仕事の観察や障害児の臨床教育資料を読んだりビデオを観たりすることから成っている。

この専門援助教員研修課程は一九八六年に設置されたが、八八年と八九年に修正された。しかし、国の再検討委員会が設置されて、より柔軟で個別化されたコースになるように、例えば、教育未経験者か再研修の場合かを考慮して、再研修なら講義よりセミナーを増大するなど、目下、検討中である。

一般に、イタリアの普通学校への措置（インテグレーション）は障害児の個人的発達と人間関係に積極的効果をもたらし、世論も生徒の親たちも肯定的である。今日では、特殊学校に残存している生徒は少数で、重障児に限定されているので、両者の効果の比較は容易ではないが、概して、普通学級よりも特殊学校の方が効果的だとは親も専門スタッフも思ってはいないようである。さらに、一九八七年の憲法裁判所の判決は普通学校への措置の実施とインテグレーションは「絶対に撤回できない」と宣言して、この措置を確認している。

イタリアの統合教育は全国的にみて、八〇%は実現されているが、残りの二〇%の状況はインテグレーションに対してさまざまな度合の障害があり、特に反社会的あるいは行動面の障害のある生徒の場合には、学級外で援助教師が生徒と個別に働くことが期待されている。特に重度の障害者の場合には、無策に近い状態で普通学級に放置されていたり、あるいは全国で五〇〇〇人位の生徒がまだ特殊学校に残存している。

これらの問題に関して、過去一〇年の実績の検討から、次のような傾向が公教育省視学サイドから指摘されている。

(1)どの教育段階でも障害児を次の段階の学校へ先おくりする。
(2)援助教員を獲得するために障害のレベルを重度に評価する。
(3)措置とインテグレーションの全責任を援助教員に委ねるよう、過度に柔軟性のない教育構造を組織する。

このような傾向を通して、学校と保健スタッフのより緊密な協力、調整が必要とされており、さらに将来の方向づけのために詳細な実情の把握と成果の評価が要請されている。

教育のインテグレーションの将来については、第一に、より柔軟な教育構造が必要とされている。「障害児の誕生が家族構成員の個々の役割を変えるように、教育制度における役割も修正しなければならない」と公教育省視学局のジャンナルフォンソ・ローダ氏は「インテグレーションとは何か、イタリアにおけるその長所と問題」と題するレポートで指摘している。第二に、彼は「学校（特に義務教育）は、〝個人へのサーヴィス〟としてその機能をなし遂げるべき」だと主張している。第三に、上記二点のために、現行の二年専門課程の教育を含む基礎的教員養成と現役教員の再研修が必要なこと、第四に、そのような政策が実現すれば、普通とそうでない者との分離をいまだに体現している〝特殊教員〟像を除去することができるだろうし、第五に、そうすれば、障害問題に関係している教師たちのために系統だった講習を設定し、個人にも学校制度にもその効果を及ぼすことが必要となるであろう、と将来の展望をしめくくっている。

　確かに、このようなデリケートな問題のよりきめ細かな対策としては、何よりも病理的障害状況の専門的認識とチームワークの必要が感じられるが、そのような問題も包摂した上で、イタリアのインテグレーションの顕著な特徴は、ローダ氏が将来の要請としてここに指摘した第一、第二の点にある。

　すなわち、⑴教育制度のより柔軟な組織、そして、⑵学校の機能を個人へのサーヴィスとして定義した点である。ここには、あくまでも個人の人格の尊厳を第一とする人権思想が中心にすえられていて、憲法に保証された「諸権利・義務の平等における人格の尊重」を具体化するための行政側の努力が感じられる。

障害者の二〇％の重度、重複障害児の問題がなお残されていても、すでにここにみたような柔軟な教育の構造変革をなし遂げたイタリアの統合教育は私たちには驚嘆すべきものがあるが、なおかつ、「障害児の誕生が家族構成員の個々の役割を変えるように、教育制度における役割も修正されるべき」だとする行政側の柔軟できめ細かな発想は感銘深いものである。そして、そのような柔軟な構造を可能にするものとして、教育制度を個人へ奉仕するものという定義の仕方は、競争原理と社会集団の利益が優先されがちで、人権教育に関してなお問題の多い日本の現実に照らす時、衝撃的ですらある。一九九三年一〇月、北海道の身体障害のある女子中学生が特殊学級から普通学級へ移ることを求めて敗訴したのはまだ最近のことである。

とりわけ障害者のインテグレーションは障害者の権利であるばかりでなく、障害者をとりまく親や家族、学校、地域社会、国家の義務である。

問題は特殊教育諸学校を閉鎖することにあるのではなく、「学級における生徒間の差異を必然的なものとして、一つの価値として、受容し、取り扱うことが重要」だというアントニオ・デ・ガスペリス氏（イタリア公教育省企画・研究部障害児インテグレーション室長）の指摘にあるとおり、イタリアの教育政策は七〇年代を境に「分離された個人のインテグレーションから、お互いに相異なる個人のインテグレーションへ」と方向転換した。

差異を個性として受容すること、多様性を価値として認知することは学校にかぎらず、高齢化、国際化社会に生きる私たち成人にとってもさしせまった重要な課題である。誰しもいつか老いて、時間をかけて獲得してきた能力を失っていく日が来ることを自覚しなければならないし、外国人労働者や移民の子どもたち、帰国子女、社会や学校で不適応をおこしている子どもたちなど、障害児・者にかぎらず、社会的弱者や少数者など、多様な文化、価値観をもつ人々との共存、共生への準備教育として、障害児のインテグレーションのみならず、お互いに相異なる個人のトータル・インテグレーションとして、それはとりわけ重要な現代教育の課題である。

〈参考文献〉

マリオ・ローディ『わたしたちの小さな世界の問題』（晶文社、一九八八年）。

バルビアナ学校『イタリアの学校変革論』（明治図書出版、一九七九年）。

落合俊郎「イタリアの特殊教育」（国立特殊教育総合研究所『欧米諸国における特殊教育の実態と新しい展開に関する比較分析的調査研究』平成四年）アントニオ・デ・ガスペリス「インテグレーションのメリットとその課題」（国立特殊教育総合研究所・国立久里浜養護学校創立二十周年記念国際セミナー最終報告書平成五年）。

Roda Giannalfonso, *What is integration, its merit and issue in Italy*, Ministero della Pubblica Istruzione, Ufficio del Dirigente superiore per i servizi ispettivi, 1994.

Ciro di Francia, *La nuova legislazione scolastica*, vol. II ., Edizioni Bucalo‐ Latina, 1979.

Oreste Sagramola, *L'inserimento scolastico degli*, handicappati; principi e norme, Editrice La Scuola, 1989.

教育学年報3『教育の中の政治』世織書房　一九九四年

あとがき

田辺　厚子

二〇一一年五月、東京築地の緩和ケア病室で、姉はもうこれで心身ともに闘わなくてもいいというおだやかな顔をしていました。

ローディさん一家や他のお世話になったイタリアの友人に自らはメールを書けないのでこれまでの謝辞を代理で送るようにとか、書斎を囲む四方の本棚にあふれる蔵書の寄贈先などを思いつくままに姪と私に指示したりしました。

そのうち日々力を失っていく姉の口から漏れることばから、思い残すことがあり、それは出版したかった本のことだと知りました。自分のこれまでの研究を引き継ぎ、やり残したことをさらに発展させてくれるような次の世代へのバトンタッチの本を出版できれば、という願いだったのです。

門外漢の私の手伝う方法を問いますと、姉がこの方なら私の意図を理解してくれると名指ししたのが、大学の後輩にあたる青柳啓子さんでした。

青柳さんは「読書のアニマシオン」という、子どもたちの創造性を引き出す教育を図書活動の面で実施し、姉と志を同じくしている方だと知りました。

病室に訪れた青柳さんはさわやかな涼風のような方で、しっかりと姉の頼みを引き受けてくださり、本当に心強くありがたく思いました。

姉も思い残すことなく安らかに旅立つことができました。

姉の仕事への深い理解に加え卓越した企画力と実行力をもつ彼女の真心からの献身がなければ、この本は決して日の目を見ることはなかったことでしょう。

姉の没後すぐに始めた刊行準備でしたが、仕事に家庭にPTAに多忙な山梨在住の彼女と鹿児島の私の間をメールや電話で（最近になってスカイプという方法を思いつくまで）連絡しながらのこの作業は思ったより時間がかかりました。夜おそい電話など、青柳さんの私生活に多大の犠牲を強いたことと申し訳ない思いです。彼女の一貫した意欲と誠実さのおかげで、今ここに田辺敬子の仕事を俯瞰する一冊の本が完成しました。姉もさぞかし「青柳さん、本当にお疲れさま！」と笑顔で感謝していることでしょう。

姉の著書・訳書を今回はじめてきちんと読んだ不勉強な私は、なによりも、姉の仕事をもっと理解する努力をしなかった自分を悔やみました。

成人してからの姉と私はときに海外の別々の国、あるいは日本と外国、私が帰国した後も東京と鹿児島と生活の場がずっとはなれていたというのは私の怠惰の単なる言い訳に過ぎません。

姉がエネルギーを注いだ訳書『わたしたちの小さな世界の問題』を再読し、元レジスタンス闘士であったローディ氏のヒューマニズムに触れ、子どもたちから学ぶ彼の授業を目のあたりにした若い姉の感激が行間から伝わりました。

「教師はアニメーターであるべき」(『マリオ・ローディの一日』)で、主役は子どもたちだというマリオ・ローディ氏に代表されるMCEの考え方に今更ながら目をみひらかれました。そして、私自身、夫と経営する英語学校で、小学生クラスの子どもたちと教師共作の英語劇を毎年公演していたころを思い出しました。演じることにより子どもたちの自己表現力と独創性、主体性を引き出そうというイギリスの学校教育に根付いている「ドラマ」の方法論を用いて奮闘していたあのころ、実はお互いに近い場にいたのに、姉との交流を思いつかなかった不明な私でした。姉はきっと喜んで声援を送ったことでしょう。

子どもの環境権を主張するローリス・マラグッチ氏の思想(『子どもの楽園を見つけた』)は子どもの人権、環境権をあとまわしにする日本の教育について考え直す材料を無限にあたえてくれます。『インテグレーションの現在』では、障害児教育の統合を展望して「学校は個人へのサーヴィスとしてその機能をなし遂げるべき」というジャンナルフォンソ・ローダ氏の主張が二〇年も前にされていることに衝撃を覚えました。「子どもに不寛容の芽を培うことほど危険なことはない」という ローディ氏の引用で始まるこの論文は、「競争原理から協同原理への転換」「生徒間の差異を必然的なものとして、一つの価値として受容」など、思考を促すキーワードに満ち、姉の研究に通底するものを再認識しました。

なかでも六〇年代の世界的大学紛争前夜、教育界に衝撃を与えたという『イタリアの学校変革論』の訳と解説『ドン・ミラーニの業績と社会背景』の再読は、半世紀を越える時代の差をのりこえて示唆に富んだ刺激的なものでした。

ドン・ミラーニ神父は選別的な教育から落ちこぼれた貧しい生徒たちに寄り添い、彼らの人生を切りひらく武器となる「文章を書く力」を育てる教育に心血をそそいだ人。子どもが自己主張できることが社会変革の鍵であるという信念をローディ氏と共有して、自らの教会を学校として落第生の子どもたちに「人間にふさわしい言葉」を取り戻しました。かれは良心的戦争拒否者を弾劾する従軍神父たちに抗議する手紙を公表したために、教会から排斥、告訴され、抵抗のさなかに早世しました。「正当な不服従の精神を賞揚する勇気をもった」(ローディ氏の言)ドン・ミラーニ師の思想と教育実践に魅せられた姉が、深い敬愛の念を翻訳と解説に込めたことがわかりました。

選別主義の路線を明確にし、弱者をさらに切り捨てていく今の日本の教育はいったいどこまで突き進むのでしょうか。その弊害を暗澹たる思いで見るときに、しいたげられる側にすすんで自らをおいた彼の謙虚な人間性に学び、同じ信念をもつ教育者が日本に現れることを待望します。

この解説の末尾にある日付は私に殊更の感慨を呼び起こしました。この訳本を完成させたのが姉の四〇歳の誕生日その日だったということに気づいたからです。姉は三〇代で出会った傑出した教育者の思想と実践を一刻も早く紹介したかったようです。それにもかかわらず、最初の訳稿から七年の歳月が過ぎても「日本の文化を担う数多くの名だたる出版社で（中略）再三断られた」という姉の嘆きがこの解説から歳月を超えて伝わります。「日本ほど読書人口の多い出版および教育大国でこれは何を意味するのだろうか」とも姉は問いかけています。

教科書を一切使わず、子どもたちとの毎日が発見の授業を一年生から五年生まで記録したローディ氏、言わなければならない大事なことの書き方を教えたミラーニ師、姉が理想としたこんなイタリアの教育者たちと同じような努力を現場でなさっている方たちが今この国でもきっといらっしゃるでしょう。そんな方たちがさらに声をもち、協同で活躍なさることを切望します。「子ども主体の教育」はその実現への長い道のりにあり、そこでは田辺敬子の研究は青柳さんの確信のとおり、まだ色褪せたものには思えません。

表紙とカットのデザインという形でロンドン在住の私の娘が、可愛がってくれた敬子伯母の本に少しでも参加できたことは、それを思いついた夫を含め私たち残された家族に思いがけない喜びを与えてくれました。

辛抱強く出版を待ってくださったマリオ・ローディさんをはじめとして、『第一部』執筆者それぞれのみなさまが姉との交流の中から故人を偲び、その仕事を評価してくださったことを身にしみてありがたく思います。

反骨魂からくる気難しさがときに周囲と摩擦を起こしつつも、まっさらな子ども心とユーモアを失わなかった姉の稀有な人柄を愛してくださったみなさま、執筆者のみならず友人知人のみなさま、またこの本を読んでくださる未知の方たちにこの場をおかりして謝意を表したいと思います。

ローディ氏の言葉を借用するなら、「一粒の種子のような」姉の仕事がいつかどこかで何らかの実を結ぶならこんな喜びはありません。

最後に、出版社を紹介してくださった上、的確な助言と良き激励をくださった櫻井芳子氏、出版を快諾してくださった社会評論社の松田健二氏に心からお礼を申しあげます。

著書

『子どもの楽園を見つけた』(『世界の自由学校』共著　春秋社)
『ルネッサンスの教育思想（上)』(共著　上智大学中世思想研究所)
『戦後イタリアの教育改革』(『イタリア・スイス教育史』世界教育史大系 13 所収　講談社)ほか

翻訳書

『イタリアの学校変革論』(明治図書)
『イタリア・ルネッサンス期教育論』(共訳　明治図書)
『わたしたちの小さな世界の問題』マリオ・ローディ（晶文社)
『子どもたちの１００の言葉』レッジョ・エミリア市幼児教育実践記録(共訳　学研)
『子どもたちの１００の言葉』展（展示パネル　ワタリウム美術館)
『子ども・空間・関係性―幼児期のための環境のメタプロジェクト』レッジョ・チルドレン / ドムスアカデミー・リサーチセンター（学研）など多数。

田辺敬子　年譜

1939年１月22日　鹿児島市に田辺健吉、芳江の次女として生まれる。
鹿児島大学附属小学校、鹿児島純心女子学園中学校卒業。
雙葉学園高等学校卒業。
東京外国語大学イタリア語学科卒業。
1966年　東京都立大学大学院修士課程（イタリア教育史）修了。
1966―68年　イタリア政府留学生としてローマ大学留学。
1974年　フィレンツェ大学を拠点に研究中、マリオ・ローディ氏と出会い、授業を見学。その後、氏と親交が続く。
イタリア各地の教育研究者や教師や子ども、親たちと交流。レッジョ・エミリア市の乳幼児施設には70年代から度々訪問。
1985―86年　トリノ大学で文部省在外研究員として研究。
1988年　『わたしたちの小さな世界の問題』（マリオ・ローディ著　晶文社）翻訳出版。
1990年　イタリア、レッジョ・エミリア市より、乳幼児教育施設創立20周年記念国際会議に招聘され「日本の教育の歴史と現状」報告。
1991年～　埼玉工業大学にてオープンカレッジ講座主宰。連続講座で地域の親たちと子育て、教育、環境、福祉など家族をめぐる諸問題を学習討議して、毎年〈受講者レポート〉を編集刊行。同大学総合文化センター教授。
2001年　『子どもたちの１００の言葉』（レッジョ・チルドレン　学習研究社）共訳出版
2007年まで山村学園短期大学保育科教授。
イタリア幼児教育について、各地で講演、研究発表を行う。
2008年　『子ども、空間、関係性―幼児期のための環境のメタプロジェクト』（レッジョ・チルドレン　学習研究社）翻訳出版
2010年　山梨県にて幼児教育について、２度の講演。
2011年５月17日　逝去。聖イグナチオ教会クリプタに永眠。
2012年11月『子どもたちの100の言葉　レッジョ・エミリアの幼児教育実践記録』（レッジョ・チルドレン　日東書院）共訳　増補改訂版復刊

編者紹介
田辺厚子（たなべ・あつこ）

鹿児島市出身。田辺敬子の妹。
東京外国語大学ドイツ語科卒業後、東京大学文学部倫理学科卒業。
現在、鹿児島市にて英会話ロンドンスクールを主宰。

青柳啓子（あおやぎ・けいこ）
東京外国語大学イタリア語科卒業。共訳書に、モンセラット・サルト著『読書で遊ぼうアニマシオン』（柏書房、1997年）がある。
現在、甲州市立勝沼図書館司書。

田辺敬子の仕事　教育の主役は子どもたち
――イタリアの教育研究から見えたもの

2014年5月1日　初版第1刷発行

編　者：田辺厚子・青柳啓子
装　幀：中野多恵子
発行人：松田健二
発行所：株式会社 社会評論社
東京都文京区本郷2-3-10　☎03(3814)3861　FAX 03(3818)2808
http://www.shahyo.com/
組　版：スマイル企画
印刷・製本：倉敷印刷